JN232620

技術者のための
現代経営戦略の方法
— バランススコアカードを中心として —

工学博士 大内　　東
　　　　 高谷　敏彦　共著
　　　　 森本　伸夫

コロナ社

まえがき

1．経営戦略を学ぶ技術者と学生のために

　筆者らはこの1年間，北海道大学工学部や大学院において講義，ゼミナール，卒論・博士論文指導を通して，経営戦略に関する教育・研究を実践した。この経験から学んだことは，現在の状況で経営戦略に関する教育を行うことは，それに至る環境が欧米と比べてあまりにも違いがあり，有効な教育成果を得ることは難しいということである。むしろ，経営戦略に至る前の現代経営に関する知識を与える必要性があるということを認識した。

　本書が対象とする読者は，おもに，企業で経営戦略について学ぶ必要にせまられている入社2～3年の技術者または技術者を目指している理・工学系の学生などである。経営戦略の多くの著書は，経営学や経済学などの専門家，あるいは経営に携わっている企業人によって書かれている。しかしながら，技術者あるいは理・工学系の学生には，工学的な言葉で語られる経営戦略の教科書がなじみやすいであろう。

　本書の内容は，一般の企業戦略の教科書のように広範囲とせず，第三世代balanced scorecard（以下 BSC またはバランススコアカードと記述）を中心にビジネスの常識として経営戦略の方法論について学ぶ方法を採用している。また，例として取り上げる題材は，技術者だけではなく学生にとっても身近であり興味の持てる対象を選んだつもりである。これにより，読後には読者が自身で BSC を作成することができるようになる入門書を目指している。この意味で，本書は経営戦略を学ぶうえでの基礎知識として位置づけることができる。

2．日本における学生社会と企業人社会のギャップ

　日本の大学で行われる教育は，主としてビジネスとは無縁の学問としての研

究極成果を目標として行われる。これに対して、企業人として社会で仕事をする立場では、ビジネスにおける利潤追求を目標として行動することを教育される。昨日までは利潤追求とは無縁の生活を送っていた学生が、今日からは利潤追求を目標として行動することを強いられる。このギャップはあまりにも大きく、大学を卒業し企業に就職した学生が見舞われる、最も大きなカルチャーショックである。このカルチャーショックをなくす、あるいは軽減するためには、在学中からビジネスを理解しておくことである。とりわけ企業活動の根本となる経営戦略について理解しておくことは、職種を問わず有効な方法である。

3．技術経営

最近、技術者や理・工学系の学生を対象に、**技術経営**（technology management、略してTM）を教育することに対する関心が高まっている。しかしながら、日本においてTMを教育するためには、上述のようなそれに至る環境が欧米と比べて大きな違いがあることを認識しなければならない。

例えば米国では、小学校からビジネスやディベートを学び、ビジネスを視野に置いた教育がなされている。これに対し日本では、むしろ、学校は学ぶ場であり、ビジネスやお金のことを考えることはタブー視されてきた。米国におけるTMカリキュラムは、これらの背景があってこそ成り立つものであり、ビジネスについて何も学んでこなかった日本の学生や技術者に、急に米国的なTM教育を行うことには無理がある。

4．第三世代BSC

前述のように、本書では第三世代のBSCを基本フレームワークとして経営戦略の手法を説明していく。BSCは、キャプランとノートンが提案した最初の第一世代から第二世代を経て、現在の第三世代へとその主張点が変遷してきている。現在、日本で出版されているBSCに関する書籍は、これらの世代が混在して書かれており、これがBSCに関する誤解や混乱を招いていると思われる。

BSCの各世代は大まかに

まえがき　iii

　　第一世代：業績評価書
　　第二世代：期末・年度末の振り返りによるPDCAサイクルの確立
　　第三世代：戦略マップによる戦略指向の導入

と視点が移ってきており，戦略策定から業績評価までの連動がなされ，組織内での戦略の日常業務への反映が確立されてきた。特に，第三世代では戦略マップの導入による組織変革のフレームワークとしての位置づけが明確になってきたと解釈できる。

5. 複雑系論的経営戦略

　よく見られる企業の経営改善方法に，業績評価や指標など，単に現場からの部分の積み上げで改革・改善を試みる完全ボトムアップ方式がある。一方，逆に全体目標を設定し，これを個別目標までに細分化し，これらを達成することを強制するトップダウン方式も行われている。

　前者の個別要素を積み上げると全体最適（最大値）が図られるという考え方は，要素還元主義的な立場では正しいのであろう。しかし，複雑系（complex systems）の立場から見ると，Σ（個の最適）＝（全体最適）とはなり得ないのである。また，後者の完全統制型は前提（例えば受注の内容など）の変更がなく，多くの現場の情報が完全に制御されている条件のもとでのみ可能な方法である。環境の変更が日常茶飯事であり，数多くの現場を抱える組織ではほとんど不可能な方法である。

　したがって，全体目的に対する戦略の道筋がはじめにあって，その全体最適を達成するために個々の要素（組織，担当）の自律的活動と業務連携（依存関係）を調和させるという複雑系論的経営戦略が必要となるのである。第三世代のBSC構築アプローチは，このような複雑系論的アプローチに近い。

6. 本書出版の経緯

　ここで，著者ら三人の出会いと出版の経緯について紹介しておきたい。高谷敏彦氏は，リコーソフトウエア(株)において，BSCを用いて業務計画立案およ

び実施管理を実践している．森本伸夫氏は，日立ソフトウェアエンジニアリング(株)のコンサルテーション部において，BSCをコンサルティングツールの一つとして活用している．最近では，市町村の観光協会における観光戦略立案トレーニングを手がけている．お二人は，いわばBSCの実践家である．

　一方，大内は北海道大学大学院工学研究科において，複雑調和系工学研究の一環としてビジネス複雑系を研究していたが，実践現場での知識や経験の不足を痛感していた．そんなときにお二人と出会った．このお二人からBSCの実践の場における貴重な助言をいただきながら経営戦略の教育・研究を行うことができた．その経験が，入社2～3年の技術者や理・工学系の学生のための経営戦略書の必要性を痛感させ，本書を出版させる動機となったことについては最初に述べたとおりである．すなわち，本書を一番望んでいたのはほかでもない私自身である．

　著者らのBSCに関する理解は，研究室のスタッフおよび学生諸君と一緒に議論することによってより深くなった．ここに本研究室のスタッフ，山本雅人助教授と川村秀憲助手，ならびに研究室の学生諸君に感謝する．

2005年1月

著者を代表して　大内　東

本書の使いかた

　本書の使いかたは，図に示すように，まずBSCの全体像を知って，その後構築に必要な部分を学ばれる方は，先に2，3章を読み，理解の補填のために，1，4章を必要な時点で読まれるとよいと思う。また，経営全般の簡易な説明から始められる方は，1章から順に進むとよいであろう。一般の書籍のスタイルで勉強される方は，1章，4章，2章，3章の順で進められるとよいであろう。

BSCの全体像から始める方

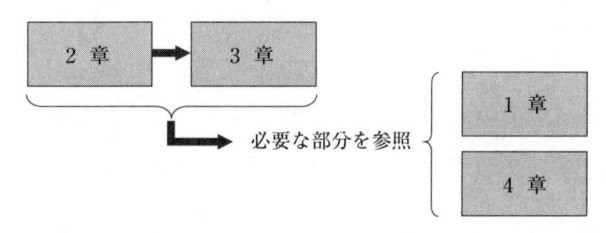

2章 → 3章 ──必要な部分を参照──→ 1章 / 4章

経営全般から始める方

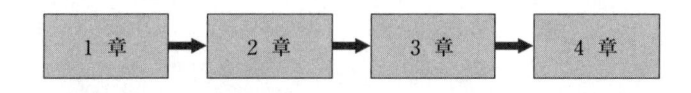

1章 → 2章 → 3章 → 4章

一般の書籍スタイルで読む方

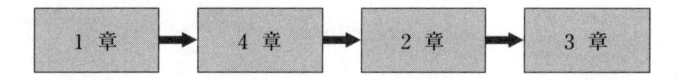

1章 → 4章 → 2章 → 3章

目　　　次

1.　経　営　と　戦　略

1.1　経営とビジョンそして戦略 …………………………………………………………1
　　1.1.1　経　　　　　営 …………………………………………………………1
　　1.1.2　ビ　ジ　ョ　ン …………………………………………………………3
　　1.1.3　戦　略　と　戦　術 ……………………………………………………4
　　1.1.4　ビジネスと4つの視点 …………………………………………………6
1.2　経営戦略策定からモニタリング活動の例 …………………………………………9
　　1.2.1　経営戦略の策定 …………………………………………………………10
　　1.2.2　戦略情報化企画 …………………………………………………………12
　　1.2.3　情報化資源調達 …………………………………………………………12
　　1.2.4　情報システム開発 ………………………………………………………13
　　1.2.5　運用サービス・デリバリ ………………………………………………13
　　1.2.6　活動・成果のモニタリング ……………………………………………13
1.3　戦　略　と　組　織 ……………………………………………………………15
　　1.3.1　組　　　　　織 …………………………………………………………16
　　1.3.2　戦略と組織構造 …………………………………………………………21
　　1.3.3　戦略と組織のまとめ ……………………………………………………25

2.　バランススコアカード（BSC）― バランスのとれた経営の通信簿 ―

2.1　BSC以前の経営戦略 ……………………………………………………………26

目次

2.2 BSC の起源 ……………………………………………………………… 28
2.3 BSC の優位性 …………………………………………………………… 29
2.4 BSC の進化 ……………………………………………………………… 30
   2.4.1 業績評価としての BSC ………………………………………… 31
   2.4.2 マネジメントシステムとしての BSC ………………………… 32
   2.4.3 組織と変革のフレームワークとしての BSC ………………… 34
   2.4.4 BSC 全体マップ ………………………………………………… 36
2.5 4つの視点 ……………………………………………………………… 37
   2.5.1 財務の視点 ……………………………………………………… 37
   2.5.2 顧客の視点 ……………………………………………………… 38
   2.5.3 内部プロセスの視点 …………………………………………… 38
   2.5.4 学習と成長の視点 ……………………………………………… 38
2.6 BSC フォーマット ……………………………………………………… 41
2.7 BSC 詳細 ………………………………………………………………… 43
   2.7.1 4つの視点だけか？ …………………………………………… 43
   2.7.2 バランスのとれた評価指標 …………………………………… 44
   2.7.3 企業のビジョンと戦略から導き出されたもの ……………… 45
   2.7.4 指標化されたもの ……………………………………………… 45
   2.7.5 因果関係が明確 ………………………………………………… 45
   2.7.6 コミュニケーションツール …………………………………… 46
   2.7.7 階層的な管理が可能 …………………………………………… 46
   2.7.8 導入における課題 ……………………………………………… 46
   2.7.9 戦略マップ ……………………………………………………… 47
   2.7.10 戦略目的 ……………………………………………………… 51
   2.7.11 KGI と KPI …………………………………………………… 54
   2.7.12 成熟度 ………………………………………………………… 56
2.8 BSC 導入に必要なこと ………………………………………………… 57
2.9 構築手順 ―アプローチの方法― ……………………………………… 61

2.10 イテレーションアプローチによる BSC 作成
　　　―戦略マップから始める BSC 構築アプローチ― ……………………62
　　2.10.1　Step 1：要素から簡易戦略マップを構築する …………………64
　　2.10.2　Step 2：戦略マップを精査する ……………………………………65
　　2.10.3　Step 3：課題と CSF を分析結果から導き目的・目標の妥当性を
　　　　　　　　　　評価する ……………………………………………………66
　　2.10.4　Step 4：業績評価指標（KGI/KPI）を決めて，4 つの視点
　　　　　　　　　　それぞれの目的と KPI が連携しているか評価する ………67
　　2.10.5　Step 5：重点実施項目を決めて，BSC 全体の見直しをする ………68

3. BSC 作成事例 ― お好み焼き屋 in 北大祭 ―

3.1　は　じ　め　に ……………………………………………………………71
　　3.1.1　まとめ　Step 1：要素から簡易戦略マップを構築する …………79
　　3.1.2　まとめ　Step 2：戦略マップを精査する ……………………………80
　　3.1.3　まとめ　Step 3：課題と CSF を分析から導き目的・目標の妥当性を
　　　　　　　　　　　　　評価する ……………………………………………88
　　3.1.4　まとめ　Step 4：業績評価指標（KGI/KPI）を決めて，4 つの視点
　　　　　　　　　　　　　それぞれの目的と指標が連携しているか評価する ……93
　　3.1.5　まとめ　Step 5：重点実施項目を決めて，BSC 全体の見直しをする ……96
3.2　事業計画書策定と大きなイテレート（繰り返し）……………………96
3.3　事業計画書策定のフレームワーク ………………………………………99

4. 経営戦略策定の詳細 ― 分析から戦略マップの説明 ―

4.1　経営戦略策定に用いる分析手法の概要 ……………………………………102
4.2　経営戦略策定におけるフレームワークのつながり ………………………103
　　4.2.1　マクロ環境分析 ………………………………………………………104

目次

　4.2.2　5F 分析 …………………………………………………… 107
　4.2.3　3C 分析 …………………………………………………… 108
　4.2.4　SWOT 分析 ………………………………………………… 109
　4.2.5　課題・CSF の整理 …………………………………………… 110
　4.2.6　戦略マップの作成 …………………………………………… 110
4.3　そのほかの分析手法 ……………………………………………… 111
　4.3.1　4P 分析 ……………………………………………………… 111
　4.3.2　7S 分析 ……………………………………………………… 113
　4.3.3　ビジネスヒエラルキー分析 …………………………………… 114
　4.3.4　ビジネスシステム分析 ………………………………………… 115
　4.3.5　PPM 分析 …………………………………………………… 116
4.4　マクロ環境分析 …………………………………………………… 120
4.5　5F 分析 …………………………………………………………… 123
　4.5.1　各ボックスの定義 …………………………………………… 125
　4.5.2　収集したトピックスを各ボックスに記入 …………………… 130
　4.5.3　分　析 ………………………………………………………… 131
　4.5.4　そのほか ……………………………………………………… 131
　4.5.5　5F 分析事例 ………………………………………………… 131
4.6　3C 分析 …………………………………………………………… 132
　4.6.1　3C の各項目を定義する …………………………………… 133
　4.6.2　収集したトピックスを 3C の各項目に記入する …………… 134
　4.6.3　分析する ……………………………………………………… 135
　4.6.4　3C 分析事例 ………………………………………………… 136
4.7　SWOT 分析 ……………………………………………………… 140
　4.7.1　各ボックスを定義する ……………………………………… 141
　4.7.2　収集したトピックスを各ボックスに記入する ……………… 141
　4.7.3　分析する ……………………………………………………… 142
　4.7.4　SWOT 分析事例 …………………………………………… 145

4.8	課題ツリーの作成 ……………………………………………………	148
4.9	CSF の整理 ……………………………………………………………	150
	4.9.1 各項目を定義する ………………………………………………	151
	4.9.2 収集したトピックスを各項目に記入する ……………………	151
	4.9.3 分析する ………………………………………………………	152
4.10	戦略マップの作成 ……………………………………………………	153
	4.10.1 戦略マップを用いる目的 ……………………………………	153
	4.10.2 企業における戦略の伝達と展開 ……………………………	153
	4.10.3 戦略マップを用いる際の注意 ………………………………	154
	4.10.4 戦略マップ（財務の視点） …………………………………	156
	4.10.5 戦略マップ（顧客の視点） …………………………………	157
	4.10.6 戦略マップ（内部プロセスの視点） ………………………	160
	4.10.7 戦略マップ（学習と成長の視点） …………………………	162
	4.10.8 戦略マップ（全体構造） ……………………………………	163

参考文献 ……………………………………………………………………… 167

索　　引 ……………………………………………………………………… 168

1 経営と戦略

1.1 経営とビジョンそして戦略

1.1.1 経　　　営

　本書が対象とする読者にとって，**経営**という言葉は聞きなれてはいながらも，自分には関係のないものととらえる方が大半ではないだろうか。なかには経済を学ばれた方，もしくは学ばれている方，そしてこれからベンチャーを起こそうと考えている方もいるかも知れないが，それはわずかであろう。

　経営を英語にすれば単純に **management** であり，そして**マネジメント**とは，ある行動や仕事において **PDCA**（plan-do-check-action）のサイクルを回すことと定義できる（**図1.1**）。

```
plan    →   do    →   check   →   action
計画        実行        チェック      改善
 ↑_____|
```

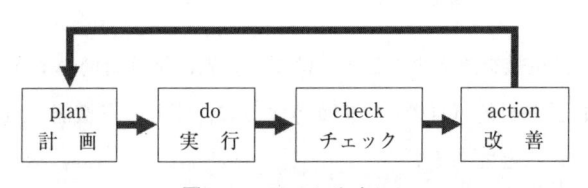

図1.1 PDCAサイクル

　経営戦略を考えるにあたっては，経営の対象を単なる企業・会社と考えず，まずは自分自身（個人），サークルなどの組織と考えてみることで，経営の重要さが理解できるであろう。

　個人の目的へ向かって計画を立てて，実行し，その結果を確認して，つぎの行動を起こす。単なる個人の夢の実現も，広い意味では経営と考えられる。

1. 経営と戦略

経営へ向けた組織構造の一つとしては、人間個人の身体の組織構造を考えてみるとよい。全体の命令権限を持つ（代表取締役社長にあたる）脳があり、手足、目、鼻などの器官からの情報を処理して、まずは生きるという第一の目標達成を目指す経営組織が身体である。

各器官のそれぞれにも、その場で処理可能なものは判断を行い、対応することができる脳と同様なしくみがあるといわれている。**図1.2**に示すように、手足を動かすには、手足の単一的な細胞（社員）それぞれに指示を出すよりも、手足の管理をつかさどる司令塔的なディビジョンや、セクション、そしてユニットに対して統一的な「右へ行こう」、「食べ物を口に運べ」という指示を出すことが現実的である。それぞれは責任範囲によって取締役や本部長、部長、課長などの管理職と考えてみることもできる。

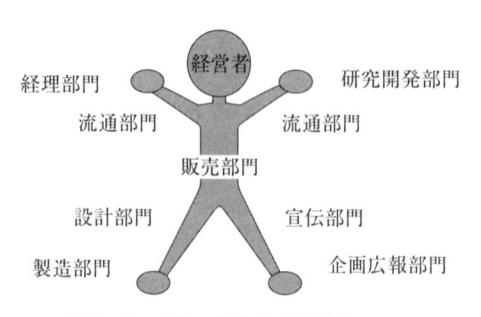

図1.2　人間の身体と企業組織

経営は、単に組織を運営することではない。先に挙げた例のように、企業（組織体）が、自己の目的（目標）に向かうように、正しく各機能（組織）を動かす（指示命令）ことである。

各組織は、個別に職掌範囲で責任と権限を有し、自己完結的に行動することが求められているために、各組織の個別目的（目標）達成を優先し、組織全体の目的（目標）を達成することに対して弊害となる場合がある。

このような全体最適を考えて、個別組織の調和を図りながら全社の目的を達成するように運営を行っていくのが経営の本質である。

現在では、ゼロベース成長の時代となり、各個別組織が自己の責任と権限の

範囲で自ら動いていく必要がある。しかし，このような場合には，個別組織の一つの行動が，全社の事業の拡大発展はおろか，逆にその企業の崩壊につながることもあるかもしれないのである。

したがって，経営は，時代とともに変化しながら，組織運営の基本的な行動指針を定め，組織全体に所属する各個別組織が十分にその役割を果たすように制御すること，と定義してもよいかもしれない。

PDCA サイクルの重要性について，若干説明しておきたい。

企業は継続的に発展し，存続していくことをその組織員（一般には社員）から期待されている。

よく知られている改善の例としては，米国では「KAIZEN」として，生産現場での改善活動が日本企業の最大の強みであることが研究された。1980年代の日本企業の凄まじい成長を見て，米国の企業，学術会は日本企業の強さの秘密を調査した。その結果，製造現場での継続的な改善活動にその理由を見い出したのである。

その後，米国では**バランススコアカード**（balanced scorecard，略して **BSC**）をはじめとして，PDCA による**改善サイクル**を企業運営にまで展開し，1990年代の IT 市場と金融市場の急成長と相まって企業（経済）の再生に成功したのである（2000年の IT バブル崩壊や，いくつかの企業の問題で若干，様相は変化したが……）。

1.1.2 ビ ジ ョ ン

人間には，持って生まれた才能（**コア・コンピタンス**）や運もあるが，その才能を生かすには個人のビジョンと戦略が必要である。例えば，野球に最適な優れた才能を持ちながらも，毎日，何の運動も練習もしなければ，メジャーリーグのマウンドに立つことはないに等しい（絶対にないとはいえないが）。

早くして自分の才能に気づき，メジャーリーグに入るという目標を持ち，それに向かって行動した者の中から，その場に立つことができる者が選ばれる。メジャーリーグのマウンドに立つという目標を達成するための個人の経営に

は，まずは，なりたい自分の姿，なりたい未来を想像することが，最初の出発点である。

ビジョンがあれば，そこへ到達するための戦略が必要になる。明確なビジョンのない戦略はあり得ない。なりたい自分がそこになければ，その場所へ到達するためにはどれだけの行動と時間が必要かも測ることができない。

例えば，自宅の近所にある場所（例えば，コンビニエンスストア）へ行きたいのであれば，徒歩で行くか自転車を使えばよいが，少し遠い隣の町までならバスや自動車などを利用する必要がある。利用する交通機関によって，そこへ到達する時間は予測することができる。

企業組織においても，自分の置かれている現在の位置と，この先になりたい自分との差を理解していなければ，そこへの到達に必要な要件も時間も予想することができない。

ビジョンは，明確な理想の姿をイメージすることが必要であるとともに，現在の自分の姿を正確に認識することが欠かせない（図 1.3）。

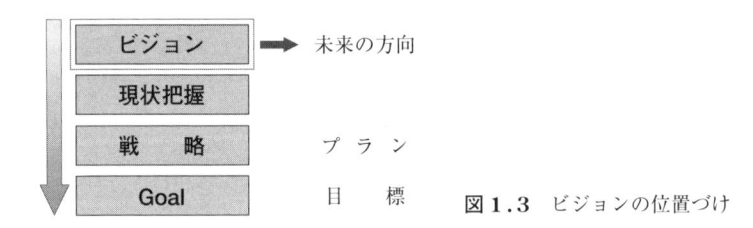

ビジョン	未来の方向
現状把握	
戦　略	プラン
Goal	目　標

図 1.3　ビジョンの位置づけ

現時点の状況をきちんと把握して，現時点で抱えている問題を一つひとつ改善することで理想の姿に到達できるのである。

つまり，ありたい将来（未来）の姿を想定することと，現在の状況の正確な把握と改善の二つの行動は，ビジョンの確立のために必要である。

1.1.3　戦略と戦術

戦略とは，あるビジョンで掲げられた目的に向かうために，長期的な視点での施策，道筋を意味する。もともとは軍事用語で「大局的見地から敵を打ち負かす方法」の意味である。**戦術**とは，局所的な戦闘地域において敵を打ち負か

す方法の意味である。

戦略と戦術との違いは，前者が長期的かつ複合的であるのに対して，後者は単発的なイベントに対する戦いの方法といえる。

目的とは，ビジネスでの競争を考えてみると，それはライバル企業との戦いに対する勝利であり，売上げもしくはシェアなどをどれだけ上げられるかである。個人の生活においても，意識する・しないにかかわらず，じつは戦略的に動いている。図1.4を例に説明してみよう。

図1.4　個人生活における物品の購入と戦略

例えば，洋服を買う場合を考えてみよう。通常は，限られた予算の中ですでに購入済みの洋服の色や形を意識し，それらとの組合せの可能性を考慮した購入を行う。通りがかりに見つけて，とても気に入ったので，何も考えずに思わず買ってしまったなど，その考慮のレベルには個人差があるが，その場合でも何らかの考慮は働いている。

そのほかにも，家具の購入や自動車の購入など，その対象が金額的にも容量的にも大きなものになれば，考慮することは増えることになる。購入する目標へ向けての貯蓄，ローンの申し込み，購入するグレード，ドレスアップの方針，すでに購入済みのものとの接続性や互換性などがそれにあたる。

この考慮の部分が戦略である。もしかすると，車の販売会社との間にオプションのサービスや値切りの交渉があれば，それは戦術である。

このような場合での戦略の誤りは，無駄な出費，無駄な在庫となるだけで，それは個人の生活レベルの話である。最悪の場合，あの人は「無駄遣い」や

「あと先考えない」などの評価がつくことはあるだろうが，責任は自分にあるのであって，人の言葉は気にする必要はほとんどない。

しかし，それが企業や組織となればそれなりの責任が発生する。無駄な投資や無駄な在庫は企業の利益を圧迫し，株式会社であれば株主への配当が行えないだけでなく，多くの従業員の生活がまかなえなくなる。自治体などの公共機関であれば，国民から預かった大切な税金の無駄遣いとなるとともに，国家そのものが破綻してしまう。したがって，十分に検討された戦略および戦略的行動が重要なのである。

1.1.4　ビジネスと4つの視点

もう一歩進めて，個人で何らかのビジネスを行う場合を考えてみよう。例えば，それが大学祭のお好み焼きの屋台であったとしても，それによって何らかの収入を得るとしたら十分に立派なビジネスである。

では，どのように進めればよいのであろうか？

まず，価格，提供するメニューなど，どのようなお好み焼きを提供するかを決める（**顧客の視点**）。つぎに，お好み焼きを提供するための屋台の決定，焼く方法，販売の方法，材料調達の方法なども検討する（**内部プロセスの視点**）。さらに，自分でお好み焼きを焼くならば，うまく焼くための方法をどこかで学ぶ（**学習と成長の視点**）。その結果として，どれだけの売上げで，どれだけの利益を上げられるかが決められる（**財務の視点**）。

ここで，括弧に書かれた視点とは，BSCで示す**4つの視点**である（図**1.5**）。

自分には，お好み焼きを焼く才能がないと自覚した場合，関西出身の友人を引き込むなど，ほかからの調達が必要になるが，このような代替案も学習と成長の視点に含まれる。

このお好み焼き屋が評判となり，翌年は複数の人間で実施することになったとする。この場合，関係者全員の戦略共有化の必要性が生まれる。単純に財務の視点としての目標利益は当然としても，どのようなメニューで，それがどのように提供するのかが理解されていなければならない。そうでなければ，お好

1.1 経営とビジョンそして戦略

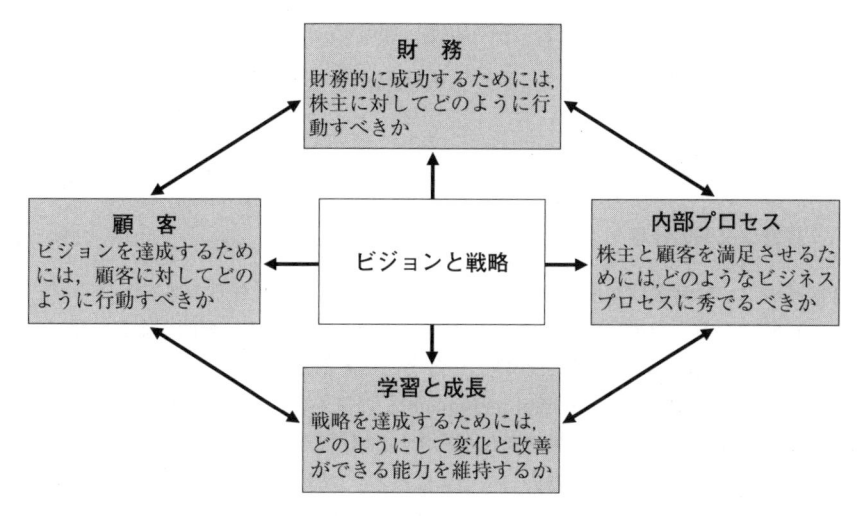

```
          ┌─────────────────┐
          │    財　務       │
          │ 財務的に成功するた│
          │ めには，株主に対し│
          │ てどのように行動す│
          │ べきか           │
          └─────────────────┘
                  ↑
┌──────────┐    ┌──────────┐    ┌──────────────┐
│  顧　客   │    │ビジョンと │    │ 内部プロセス │
│ビジョンを │←→ │  戦略    │ ←→ │株主と顧客を満│
│達成するた │    │          │    │足させるために│
│めには，顧 │    │          │    │は，どのような│
│客に対して │    └──────────┘    │ビジネスプロセ│
│どのように │                    │スに秀でるべき│
│行動すべき │                    │か            │
│か        │                    └──────────────┘
└──────────┘
                  ↓
          ┌─────────────────┐
          │   学習と成長    │
          │ 戦略を達成するた │
          │ めには，どのように│
          │ して変化と改善が │
          │ できる能力を維持 │
          │ するか           │
          └─────────────────┘
```

図1.5　BSCにおける4つの視点

み焼きを焼く人によって，その味が変われば（それも店の特徴といえる場合もあるが）客は離れてしまう。

この例では，大学祭でお好み焼きを提供するという簡単なケースを紹介したが，じつは企業においても状況に変わりはない。例えば，飲食業を営む店があったとする。非常に評判がよく，「行列のできる店」となった。弟子も徐々に増え，のれん分けをして事業を拡大しようと考えたとしよう。

その際に，「繁盛した理由」について，十分な考察がなされていないと継続的な成功は収められない。

のれん分けした職人の腕に差があって，味が店舗ごとに異なっては，その店の「味」を求めて集まる客に，安定して来店してもらうことは難しいであろうし，あるいは店に来る客が，その店の持つ他店ではない何らかのサービスを好んでいたとしたら，やはり2号店，3号店でも同じサービスを期待するであろうから，同様のサービスを提供できるよう気を配る必要がある。

以上のようなことは，飲食業だけに特徴的な事柄ではない。ファッション，情報家電機器，旅行，住宅などあらゆる業種業態に対して共通する基本的な考え方である。最初は身近なところから，事例を挙げて考えてみるとよい。

企業や組織における戦略は，その組織に属するメンバーが共通の認識として理解している必要がある。また，その実施状況が正しく伝わることも重要である。

経営は文系の仕事？

読者は，経営者は文系出身者の業に属するものだと思われるであろうか？

経営は企業（組織）の舵取りを行うコントロールである（米国の企業では，社長室に"Control Room"とつけているところもある）。

ここ10年のIT（information technology）の発展により，情報の重要性が高まったと同時に，急激な市場の変化が発生し，情報の伝達速度が劇的に向上した結果，地方の特権はすでに過去のものになった。つまり，船で情報が伝達されていた時代には，例えば極地において新規技術開発が成功した場合，その技術の伝達速度は，船の速度を超えることができなかった。したがって，技術先進性を育む時間的余裕度があったわけである。

しかし，電話・飛行機などで情報伝達の距離が短くなり，さらにインターネットの普及により，何らかのビジネスの成功の種を見つけて事業を成長曲線に乗せても，すぐに世界的規模でその種は応用されてしまい，競争者が現れる。

一方，インターネットにより，ビジネスは国内から海外までチャンスの広がりとともにビジネスリスクも拡大し，知的所有権への抵触や海外での訴訟など，つねにチャンスとリスクは裏腹の関係で経営者を休ませることなくせまってくる。

先進製品を市場投入する先行メーカーでは，製品開発のための技術開発がその会社のコア・コンピタンスであろうから，「技術 ⇒ 製品 ⇒ 利益」の関係が理解できなくてはならない。

経営者は，文系出身者が多いように見られるが，じつは理系出身のほうが経営者に就任されているケースも少なくないのである。要は，企業（組織）の舵取りを行う素養が問われているだけである（先端技術を扱うベンチャー企業では，研究開発者がそのまま社長になっている例が多い）。

また，TM（technology management，国内ではmanagement of technology，略してMOTといわれることが多いが，われわれはTMのほうを採用したいと考える）を抜きにした製品やサービス開発競争の勝利はないし，読者は文系・理系という枠で固定的な考えをせず，「経営者にとって必要な素養は何か」とお考えいただければ幸いである。

企業の経営者に対して,「戦略はありますか?」と質問すると,当然ながら戦略があると答える。しかし,多くの場合,戦略そのものが存在しないか,単にWebでの販売システム導入を戦略であると思っている(誤解している)。さらに,戦略はあるが実行力がない。もしくは戦略があっても社内に正しく伝わっていないために実行されない。これでは企業が利益を生めるはずがない。

1.2　経営戦略策定からモニタリング活動の例

2000年前後は,企業のIT化活動が盛んな時期であった。しかし,一時の騒ぎが収まると,IT投資の効果に対して疑問が起きてくるという事態になった。ここでは,企業が情報化を実施するにあたっての一般的な内部プロセスを事例として取り上げて,運営(経営)上の必要事項について説明を行い,経営戦略上どのような工程を必要とし,運用に至るまでのITインフラの効果的な利用方法について追いかけてみよう。

ともすれば情報化自体が目的であるかのごとく考えることが多いが,図1.6に示すように,情報化そのものは,企業の目的でも戦略でもないことを認識する必要がある。ビジョンをもとにした企業の経営戦略立案から策定し,それを

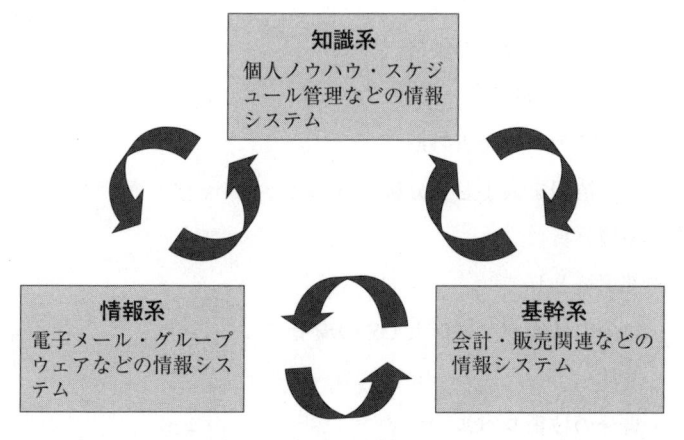

図1.6　企業の情報化モデル

- 知識系:個人ノウハウ・スケジュール管理などの情報システム
- 情報系:電子メール・グループウェアなどの情報システム
- 基幹系:会計・販売関連などの情報システム

どのように実施するか計画する。

　IT導入による情報化は，この経営戦略を実現するうえで必要な施策を支援するにすぎない。インターネットの導入も，ブロードバンドの導入も，そしてWebサイトによるe-コマースの導入も，単なる手段であって，それは戦略ではない。

1.2.1　経営戦略の策定

　経営戦略の策定フェーズでは，① 外部環境分析，② 内部環境分析，③ 戦略の確認，④ 課題の抽出，⑤ ビジネスモデルの確認，⑥ 改革テーマの決定までを実施する。さて，ここで個人を例として，パソコンやデジタルカメラを購入する場合を考えてみる（情報化資源調達に相当）。まず，購入したパソコンで何をするのかを考える。つぎに，購入したデジタルカメラで何を写してどのように加工するのかを考える（情報システム開発に相当）。そして，それをもって自分をどのように高めるのかが目的であり，その目的を実現するための戦略と企画が存在する。

① 　外部環境分析

　　外部環境として

- ・いま流行のモデル
- ・市場での一般的な価格
- ・バーゲン情報
- ・最新モデルの発表時期

　といった情報を入手して分析する。

② 　内部環境分析

　　内部環境として

- ・自分の持つパソコンとOSの環境
- ・予算
- ・自分の技術レベル
- ・実際に利用する頻度

などを考慮する。
③ 戦略の確認

　戦略の確認とは，購入したデジタルカメラを持った自分と，それを活用する自分を見直す。もともとデジタルカメラを買おうと思った動機は何だったのか。自分の予算と見比べて購入する価値があるのか，などを検討し，購入までの道筋を明確化する。

④ 課題の抽出

　課題の抽出においては，これら外部・内部環境分析の結果から，新しいデジタルカメラを購入するうえでの課題を明確にする。例えば，購入予算が不足しているので，その費用はどのように捻出するのか。もう少しすれば最新のモデルが発売されるが，それを待つべきか。利用頻度はそれほどでもないので，家族も巻き込んでまで，予算の確保と利用のレベルを上げるのかどうか，などになる。

⑤ ビジネスモデルの確認

　ビジネスモデルとは，本来は利益を得るためのしくみであるが，デジタルカメラを購入することで得られる利益と，その関係を明確化する。例えば，年賀状作成において，きれいな画像が貼れる。旅行に出かけたときに美しい画像を撮ることができる。従来のフィルムによるカメラと比較して，現像費用や焼き増し費用との比較はどうか，などになる。

⑥ 改革テーマの決定

　今回のデジタルカメラ購入プロセスの象徴となる改革テーマを決定する。①〜⑤で検討した内容から，最もインパクトのありそうなものをテーマとして決定して，それを組織（この場合は家族であろうか）に公開する。

　例えば，「高画質の画像による美しい年賀状の作成」といったものであっても，「最新のデジカメの購入による所有欲の達成」がテーマであっても構わない。

情報化戦略策定のフェーズが終了した後は，以下，企画〜運用まで，手順に

従って進めることになる。そして，つねに活動および成果の**モニタリング**を行って改善点の洗い出しと，改善の実施を繰り返していく。

1.2.2 戦略情報化企画

戦略情報化企画とは，経営戦略策定フェーズで決定された戦略をもとに，情報化の企画を実施するフェーズである。情報化の企画とは，実現する業務プロセスの設計と，その業務プロセスで必要となる情報モデルを定義する。さらに，これら情報化全体のスケジュールも明確化する。

引き続き，パソコンやデジタルカメラの購入にあてはめてみる。業務プロセスとは，年賀状を作成する作業である。つまり，デジタルカメラで画像を撮り，パソコンにデータを転送し，そのデータを加工する。また，年賀状の送り先を決めて（喪中であるとか，新たに友人が増えたとかも考慮する必要がある），年賀状の形を作り，印刷するまでの作業工程そのものである。

情報モデルとは，年賀状作成に必要な情報そのものであり，住所録，画像ファイル，印刷する年賀状の印刷形式（縦にするか横にするか，使用するフォント，必要な色，紙の質，印刷の品質など）にあたる。

1.2.3 情報化資源調達

情報化に関する企画が明確化されたならば，情報化に必要な資源（人，カネ，ソフトウェア，ハードウェア）を調整するとともに，実現のための詳細スケジュールを明確化する。資源は社内に存在しなければ社外から調達する。

この場合，**RFP**（request for proposal）を作成し，必要な資源を所持する各社から見積りを提出させて入札を行う。

さて，実際に年賀状作成に必要なパソコンとデジタルカメラを購入する。RFPとは購入しようと考えているパソコンとデジタルカメラのスペックをまとめたメモにあたる。購入するものがたった一つの場合は，記憶しておけばよいが，今回のように複数の購入が必要な場合は，購入品目を列挙したものを用意しておく（いざ，店に着いて，あれこれと見ているうちに必要な物を買い忘

れたことはないだろうか)

　購入を考えている店に対して，そのメモ（RFP）を提示し，値引きを交渉する。プリンタはA店が安く，デジタルカメラはB店が安い。パソコンはどちらも同じ価格だが，サービスとしていつもの数パーセント増しのポイントがつく，といったことなどから店を決定して購入する。

1.2.4　情報システム開発
　システム開発を実施する。システム概要設計，詳細設計と段階的に設計を進め，開発，テスト，そして導入を実施する。また，既存のシステムがある場合は移行作業を行う。購入したパソコンやデジタルカメラの初期設定，あるいはデータ移行に相当する。

1.2.5　運用サービス・デリバリ
　システムが導入されたならば，システム運用サービス・デリバリフェーズに入る。これは，システムを運用し，社内の利用者に対してサービスを提供するフェーズである。個人で当てはめればパソコンやデジタルカメラを活用するフェーズである。

1.2.6　活動・成果のモニタリング
　システムはつねに稼動状況を監視する。稼動状況を分析して，改善点を洗い出し，そして改善する。

　パソコン，デジタルカメラの活用状況を監視（モニタリング）し，使用した日時，感想，場合によっては障害や問題点などを記録（ロギング）しておく。場合によっては，「違うメーカーの製品にすればよかった」，「もう一つ上のグレードにすればよかった」と後悔することもあるだろうが，それらも記録しておく。利用状況のモニタリングにより，メモリの不足や外部記憶装置の不足などを予測することができる。また，将来の計画（引っ越し，暑中見舞い，結婚情報など）に備えた機能なども予想できる。新たなソフトウェアや製品（メモ

エンタープライズアーキテクチャ ― 複雑系工学の観点から ―

エンタープライズアーキテクチャ（enterprise architecture，略して EA）は，組織における情報システムが，部門ごとに個別にシステム構築を進めてきた結果，異なるさまざまなオペレーティングシステム，データベース，アプリケーションなどが無秩序に混在し，システムの全体像を把握することが困難となっていることを反省して，考え出されたアーキテクチャである。その特徴は，ビジネスアーキテクチャと情報アーキテクチャを関連づけて全体を一体化する。

すなわち
1. 組織全体の視点から業務やシステムの設計図を作成したうえで，それに基づいて業務やシステムを構築する。
2. 共通フォーマットによるドキュメント化を重視する。
3. 計画的な改善 PDCA サイクルを前提とする。

である。

EA においては，戦略の立案は，アーキテクチャの最上位層（政策・業務体系層）において行われ，全体の共通認識を与える。EA は全体システムを一元管理する方式と理解できる。

EA を複雑系工学の観点から見てみよう。現実の組織システムはきわめて複雑で流動的であり，時々刻々とその形態を変化させている複雑系そのものである。このような複雑系を一元的に管理運営することは不可能であるというのが複雑系工学の見方である。複雑系工学の観点によるアーキテクチャは，プロセスと人間を重視する。複雑系のアーキテクチャにおいても，戦略の立案は最上位層（政策・業務体系層）において行われ，各部門は戦略の共通認識に立って自律的に運用し，全体として合目的に運用する方法をとる。したがって，この場合にも全体の共通認識としての戦略は必要である。むしろ，一元的管理方式の場合に比べ，複雑系的方式においては，戦略の共通認識の重要性はより高まると考えられる。

いずれの方法論をとるにせよ，経営戦略立案は必要不可欠な事項である。

〔参考文献〕
1) 経済産業省，IT アソシエイト協議会報告書（2003）
2) H・トーマス・ジョンソン，アンデルス・ブルムス著，トヨタはなぜ強いのか，日本経済新聞社（2002）

リやバッテリーなど）の追加によって問題が解決する，もしくはよりよい機能が実現する場合には，それらの購入を次回の予定・予算として計画する．

1.3 戦略と組織

　1.1節で経営，組織，戦略の概要を説明し，経営は単に組織を運営することではなく，組織体が，自己の目的（目標）を達成できるように，組織全体に含まれる各個別組織を正しく動かすことであると説明した．1.2節では，組織における戦略策定フェーズの事例を，企業の情報化を題材にして紹介した．

　本節では，戦略と組織について少し詳しく説明しておきたい．なぜなら，戦略は，戦略だけが存在するものではなく，また組織についても，組織だけが無目的に存在するものではないことを読者に知っていただき，組織は，戦略を効果的に実行するために機能を構造化した結果であることを読者に理解して欲しいのである．

　また，組織の有する能力を無視して策定された戦略は，成功する可能性が低いということは容易に推測できると思う．したがって，組織は戦略に従属するものであると同時に，戦略立案のためには，組織の持つ能力や限界および制約などを十分に認識しておくことが必要なのである．

　戦略策定は，戦略的に組織を扱い，ときには目的や目標を達成するために，組織構造の変更を行うことも考慮する．同時に，組織変更によるパフォーマンス低下を起こすことなく，組織の能力を最大限生かして経営するための方法を作り上げていくことが必要である．

　しかし，しばしば現在の組織の能力を無視した戦略策定が行われて，目標が達成できない結果に至ることがある．

　例えば，ある特定の地域の販売で大きな成功を得た組織の成功の理由が，地域に密着した販売力が成功要因だったとしよう．地域での成功体験をもとに，全国展開の戦略を立案したとして，果たして成功は容易であろうか．

　全国規模の密着型販売網を確立することなく，事業が成功することは難しい

と考えるであろう。事業規模の拡大は，特定の地域に密着していたときよりも大幅に資金が必要であろう。また，地域密着型の販売は，顧客の詳細なニーズに応えた結果かもしれない。そのような緻密な自社の製品/サービスの顧客への提供が可能な社員は早期に育成可能であろうか。

つまり，戦略の立案は，組織の有する能力を十分理解し，また，組織の能力を最大限効果的に用いることも考慮されていなければならないのである。既存の組織構造を前提にして，戦略を策定する場合もある。すでに，十分な組織構成となっていても，組織力を最大にすることができないようなケースでは，戦略に誤りがあることも当然考えられる。このような場合，組織構造に誤りがあるのではなく，戦略が誤っているかもしれないと考える必要がある。

しかし一方では，組織の内部圧力が強いために，戦略の実行のためには組織改編が必要であるにもかかわらず，組織の変更ができないことがある。戦略策定の難しさは，戦略目的のために目標達成に最も効果的な組織構造を構築する必要があることと，組織のパフォーマンスを最大にすることを両立させるということである。組織（内部）の分析については，4章で後述する分析手法を参照していただきたい。

1.3.1 組　　　　織

本項では，戦略と組織の関係に先立って，読者にはあまりなじみのない組織について考えてみる。通常，組織と聞くと漠然と人の集団を思い浮かべるであろう。しかし，集団であればそれが組織だといえるだろうか。組織とは何であろうか。

〔1〕 **組織の定義**　まず組織を定義しよう。組織は無目的な集団ではないという定義に反論はないであろう。組織がなぜ存在するかを考えることで，集団を組織化する理由が明確になるであろう。

人が集団の中から，または個人の集合から組織を作るのは，何らかの共通な目的があって，ある目標を達成するためである。つまり，集団から組織になるためには，共通の目的が存在することが必要である。そして，共通の目的のた

めに設定する目標の達成に，共同で業務（作業）を行うことに合意していることが必要である（**図1.7**）。

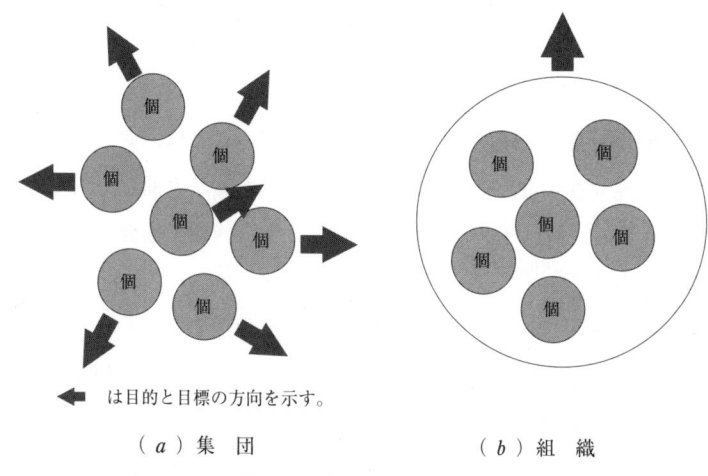

←　は目的と目標の方向を示す。

（*a*）集　団　　　　　（*b*）組　織

図1.7　集団と組織の違い

〔2〕　**組織間の関係**　　組織は，上位組織に含まれ，下位に個別組織を有し，同じ位置づけで並列にも個別組織が構成されていることが多い（**図1.8**）。

上位組織は，さまざまな機能を有する組織体の集合である。例えば，図1.8の組織Aに含まれる下位組織は，組織Aの設置目的のために目標を達成する何らかの役割を与えられて設置されるはずである。

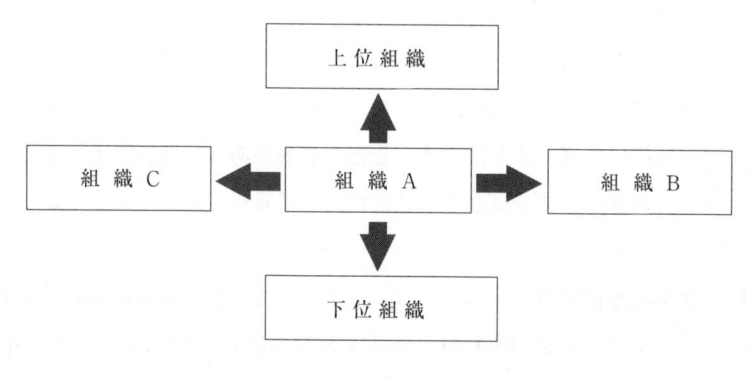

図1.8　組織間の関係

並列に並んでいる組織Bと組織Cは，組織Aとの間で業務（作業）の受け渡しを行って業務を完成に近づけていく。または，上位組織の目的を達成するために，目標に対し共同または分業で業務（作業）を行うなどして運営される。つまり，組織は上位組織の部分目標を達成することを役割としていると考えることができる。

〔3〕 **組織化の長所・短所** 集団を組織化することは，共通目的を持つ集団が，目標を達成させるためには効果的な方法である。人間が一人でできることには限界があり，特に工程が多様であるときや，複雑な場合には，目標の実現には有効である。

簡単な事例を挙げてみよう。例えば，自動車を製造することを計画したとする。話を簡単にするために，ここではヒット商品にするとか，利益を生み出すために必要なことなどは考えない。

まず，自動車の開発を行う必要がある。つぎに，生産するための設計をし，製造するための部品を調達し，製造工程で組み立てられて完成する。実際には，もっと複雑であるが，開発から生産までの工程を考えただけでも，このように多様な業務が必要である。このようなことを一人で行うことは大変困難であり，また効率的でないことは容易に推測できるであろう。

組織化することによる効率化と実現性についての長所を示した。しかし一方で，組織化することによる短所もある。組織は，自己の職掌範囲という制約があるため，組織内では最大限職責を果たそうとするが，ほかの組織の職掌範囲にまたがるような業務は，職分を明確にしておかないと実施されない。

また，組織横断的な業務遂行が必要なことに対して，階層化された組織ではつねに上位組織に許可（または了承）を得る必要があり，意思決定が遅くなることが多い。組織は万能ではなく，状況に応じて処置が必要であることが理解していただけると思う。

〔4〕 **企業の組織構造** ここでは，企業における組織構造について簡単に説明する。企業では通常，**図 1.9** に示すような業務の流れになっていて，組織は機能組織として構成されることが多い。機能組織は，業務ごとの専門性で部

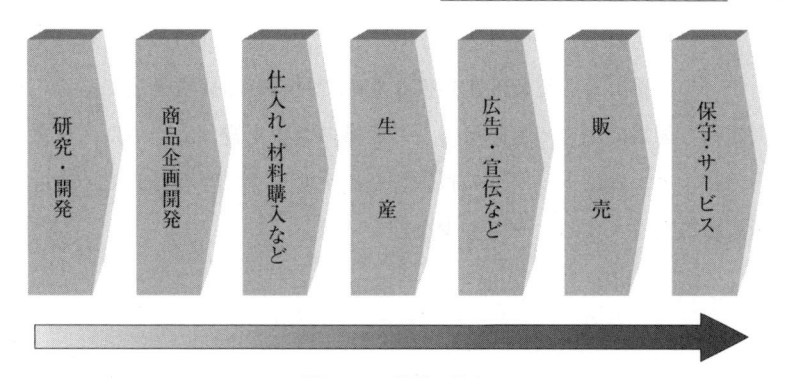

研究・開発 → 商品企画開発 → 仕入れ・材料購入など → 生産 → 広告・宣伝など → 販売 → 保守・サービス

図1.9 業務の流れ

門を分けている。組織全体の構造には，大きく分けて**階層型組織**と**フラット型組織**（または，**非階層型組織**）がある。

階層型組織は，**図1.10**のようにピラミッド型になっていて，経営トップから担当者に至るまで，指示命令が段階的になされて実行される。このような組織は，大規模な組織で統制が必要なときに有効であろう。

一方，非階層型組織は，**図1.11**のように経営層に直結してすべての部門が

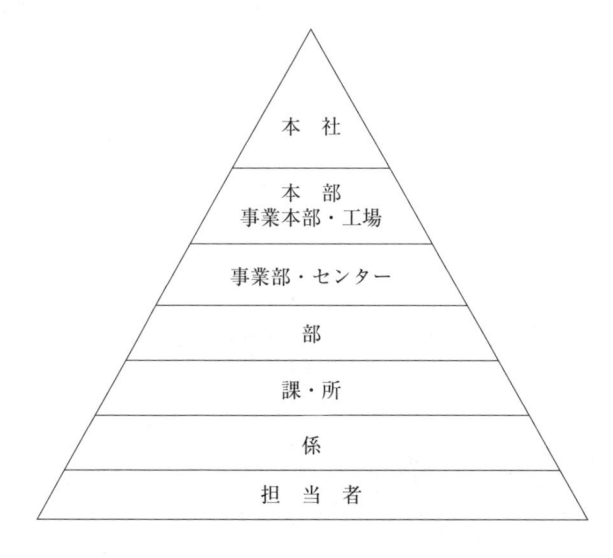

本社 / 本部 事業本部・工場 / 事業部・センター / 部 / 課・所 / 係 / 担当者

図1.10 組織構造（階層型組織）

フラットに設置される。経営トップからの指示は直接自部門になされ，報告も経営トップに直接行う。比較的小規模な組織で見られる組織構造である。しかし，大規模な組織の場合でも階層構造の組織の弊害を避けるために，経営トップからの指示と，経営トップへの報告をダイナミックに行う目的で，最近では非階層型組織を導入するケースも少なくない。

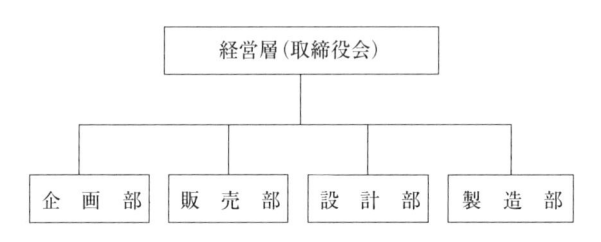

```
              経営層（取締役会）
        ┌────────┬────────┼────────┬────────┐
      企画部    販売部    設計部    製造部
```

図 1.11 組織構造（フラット型または非階層型組織）

また，図 1.10 のような階層型の組織でも，その内部構造を調べると**図 1.12**のように，階層構造とフラット構造をあわせもっている場合が多い。特に，従来の企業では，事業ごとに部門（大きな組織としては事業部）を分けるということが行われてきた。

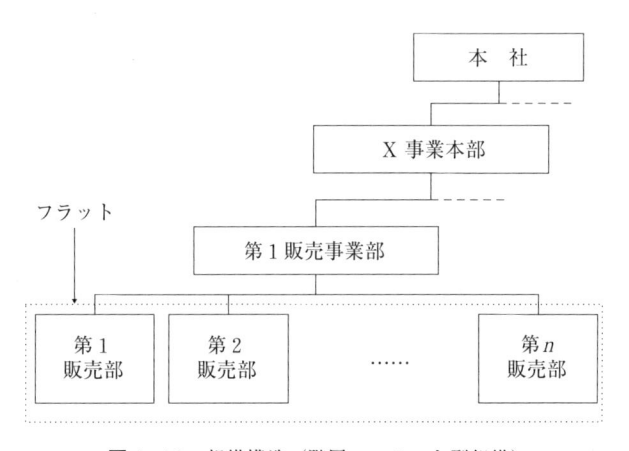

```
                        本 社
                          │
                      X 事業本部
                          │
    フラット          第 1 販売事業部
      ↓      ┌─────────┼─────────┐
          第 1      第 2    ……    第 n
          販売部    販売部           販売部
```

図 1.12 組織構造（階層・フラット型組織）

このほか，図 1.13 に示すような，目標達成型組織（**タスクフォース**，企業・組織によっては**プロジェクトチーム**とする場合もある）もあり，このような組織は，経営陣（または部門トップ）からの特命で設置される特命組織であり，期間限定組織であることが多い。既存組織で実施が難しいような業務・ミッションが発生した場合に設置される特殊な組織である。

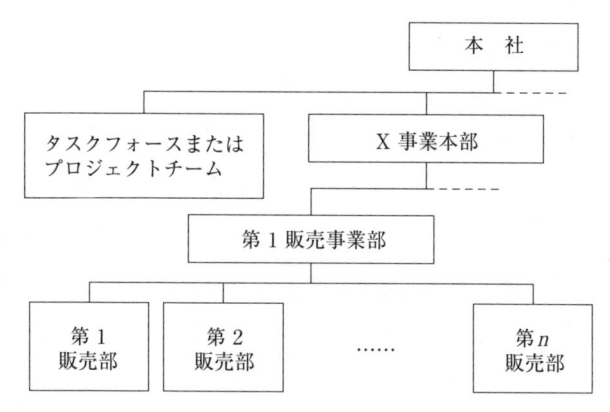

図 1.13 組織構造（タスクフォースまたはプロジェクトチーム）

1.3.2 戦略と組織構造

組織と組織構造について説明してきた。本項では，戦略と組織構造の関係について検討しよう。組織がどのようにして戦略を実施するのか，組織が戦略を実施する場合，注意しなければならない事項なども考えてみよう。また，戦略を実施するために，組織改編が効果を出す場合もあることを示してみよう。

〔1〕 **戦略と組織の関係**　図 1.9 に示した企業の業務の流れを事例に考えてみよう。企業が製品/サービスを開発して市場に投入するためには，大まかに 7 つの工程を経ることが必要である。

この企業において，市場に投入するまでの期間を短縮して，顧客（市場）につねに新しい製品を提供することを戦略目標にして，期間を半分に短縮するという目標を立てたとしよう。戦略目的は，すべての組織で正しい目的であると合意されたとする。業務は前工程の組織から順につぎの組織に渡されるとする。

その目標に対して，現時点で一つの製品/サービスを市場に投入するまでに費やしている期間を，個々の組織でそれぞれ半減するという目標設定は正しい戦略目標であろうか。それぞれの組織で業務を行っている期間は異なるであろうし，仕入れ・材料購入のように，業務期間のすべてを自部門および自社内だけで費やしているわけではないであろう。

また，すべての工程は，前工程が終了しないと着手できないというわけでもないであろう。もし，前工程が終了する以前でも，前工程や全体の工程の詳細な状況がわかれば，事前に準備することが可能な工程もあるであろうし，商品企画と同時に広報や宣伝活動に着手することが可能かもしれない。

さらに，商品開発が終了した時点で，生産に移れる完成度が保証されていれば，開発工程で決められた仕様・部品寸法などを仕入先に連絡することで，納品時期を生産に合わせて仕入れすることができる。そうすると，仕入れ期間は全体の日程内で限りなくゼロに近づけることが可能になる。

戦略目標を達成するために，既存組織を変更することなく実現することはできなくはない。しかし，実施計画を実行するためには工夫が必要であることが，前述の説明で理解できると思う。

つまり，戦略の実施には，組織や組織構造が非常に大きな影響を与えるということである。通常，企業では前工程と後工程を無視して業務を行うことはない。前工程との連絡を密にして自工程の業務の準備をし，自工程の業務が行われている間でも，後工程と連絡を取り合って円滑な業務の受け渡しができるように注意している。

しかし，組織が硬直化して自工程の業務が終了すれば工程全体に対して責任はないというような考え方が支配的になると，組織員は工程全体への注意をしなくなる。前工程の進捗状況の確認をしないままに，前工程が終了してから，慌ただしく自工程の作業を開始し，後工程との連絡をせずに，自工程の業務が終了した時点で業務を渡して，後工程を慌てさせるような事態がみられるようになる。

このように，組織の弊害が現れてくると，所属している組織員は往々にして

自己の所属している組織のことだけにしか関心がなくなり，戦略よりも組織の都合を優先してしまうことは少なくない。したがって，既存の組織構造で戦略を実施するためには，組織が戦略を阻害することのないように注意して実施に移すことが必要である。

〔2〕 **戦略的な組織構造とは**　先の例を取り上げて，同じ工程（製品/サービスを開発して市場に提供する）をより有利な状況にするための戦略的な組織とはどのようなものか考えてみよう。

　組織の構造が戦略の実施に弊害をもたらすような場合，組織構造を完全に改編して，戦略の実施を優先する必要がある。

　先の例では，各工程が機能組織として設置されていた。しかし，製品/サービスを市場に短期間で投入するためには，各部門（工程）が全工程を熟知し，前工程（部門）および後工程（部門）との連絡を密にして進捗を確認し合うことや，工程の短縮を部門間で業務調整するなどの注意や努力が必要である。

　もし，これから市場投入する製品/サービスが，その企業にとって戦略商品であり，経営トップからの最優先指示が発せられている場合には，経営トップは最大限投入期間を短縮する方法を考えるであろう。

　組織間の相互調整に時間を要することや，各個別組織が企業の戦略目的や目標よりも，自己の都合を優先するような懸念がある場合には，投入計画の製品/サービスに，全責任と権限を有するタスクフォース（プロジェクトチーム）を設置する場合がある。この組織は，図1.10の階層型でも図1.11のフラット型でもない本社（経営トップ）直結の独立機能組織である（図1.13）。

　タスクフォース（プロジェクトチーム）には，目標を組織内で完結できるように，必要な業務（全工程に含まれる業務）を担当する担当者が各部門から集められ，一つの個別組織として運営される。そこでは，組織間調整などは必要なく，戦略目標を達成することを優先した運営となる。

　企業（企業以外の公的機関でも）によっては，タスクフォースの成果を既存組織にスムーズに移行するために，担当者の所属先をそのままにして，期間を限定してタスクフォース（プロジェクトチーム）に組み入れるしくみをとる場

合もある。

　タスクフォース（プロジェクトチーム）制の利点は，所属するメンバーが戦略目標の達成が最優先事項であることを理解しやすく，また，組織間調整が必要なく効率化ができることである。

　一方，戦略目標が達成したあとで，製品/サービスのシリーズ化のために，既存組織で製品/サービスの展開を行う際に，再度，組織間調整が必要となる場合もあり，欠点がないわけではない。しかし，近年のようにすべての製品/サービスの出荷サイクルが短縮されている状況においては，タスクフォース（プロジェクトチーム）制度は有効な手段の一つであろう。

　つまり戦略目的や目標の必要性に応じて，最適な組織構造をフレキシブルに採択して運営することは，戦略目的や目標の達成には必要があると思われる。

　本項では，製品/サービスの開発における一事例として，タスクフォース（プロジェクトチーム）について説明した。しかし，事業内容や目的，目標によって，適切な組織構造はさまざまな形態の可能性があることに注意していただきたい。戦略によって，効果的な組織構造を戦略の一部として用いる必要がある。**表 1.1** に組織の特徴を示したので参考にしていただきたい。

表 1.1　各組織の特徴

組織構造	特徴	長所	短所
階層	指示系統が段階になっている	事業の遂行責任が明確になる	自組織と他組織との連携が難しい
フラット	指示系統は組織間でフラット	トップの意図が反映しやすい	責任の所在が不明確になり消極的になりやすい
階層・フラット	中位組織ではフラット，全体では階層型	階層・フラットの両方の特性をあわせ持つ	
タスクフォース（プロジェクトチーム）	目的・目標遂行型	組織目標が明確になり短期で結果を出せる	事業展開時に限界がある

1.3.3 戦略と組織のまとめ

これまで戦略と組織について考察してきた。最後に組織と戦略についてまとめておこう。

・**組織**
1) 組織は単なる集団ではない。共通の目的を持ち，目標の達成に組織員は協力することに合意している必要がある。
2) 組織は，内部に小組織を含むことがある。
3) 機能ごとに専門化している集団が組織化されていることが多い。
4) 組織は，階層型，フラット型，階層・フラット型，タスクフォース（プロジェクトチーム）型など，種々の組織構造がある。

・**戦略と組織**
1) 組織は，戦略を有効に実施するための方法の一つである。
2) 戦略によって，効果的な組織構造を戦略の一部として用いる必要がある。

つまり，有効な戦略の実行のためには，組織を戦略によって改編し，組織員に対して，所属組織の目的と目標を理解させることが重要である。また，所属する組織の長は，戦略の実行のために，自組織が上位組織の部分組織である場合，上位組織の目的と目標と自組織の役割を，組織員全員に理解させる努力をしなくてはならない。

戦略と組織に関しての考察は，参考文献 13) が詳しいので，興味のある方は参照していただきたい。

2 バランススコアカード（BSC）
― バランスのとれた経営の通信簿 ―

2.1 BSC 以前の経営戦略

1980年代以前から，新しい経営戦略理論が発表されて，戦略策定者たちは企業実務への適用に競い合っていた。これらは，競争理論で著名な，マイケル・E・ポーターの **5 F 分析**（five forces analysis）やボストンコンサルティンググループの**ポートフォリオマトリクス**が挙げられる。また，産業界ではGEマトリクスなどが発表されている。

1982年に，「エクセレントカンパニー超優良企業の条件」が出版されたのをはじめとして，**TQM**（total quality management），**コア・コンピタンス**，学習する組織など，経営手法に関する新しい発表がつぎつぎとなされた。

1980年代以前では，外部環境に左右されるという考えであったが，1980年以降は，組織能力に主眼が移り，競争力は企業内部に依存して外部の影響は大きくないというように，思想が逆転しているのである。また，1980年代は日本製のあらゆる製品の台頭により，日本型経営に注目が集まった時期でもあった。

1990年以降は，多くの巨大企業の業績が低下して，新興企業に主役を奪われ，米国ではベンチャー企業がブームになった時期であるが，経営戦略は，**リソースベースドビュー**が一つの方向性として注目され，**経営資源**の許容量に**競争優位性**があると考えられた。

つまり，要素分析を行って競争優位を個々の集積としてとらえる方法から，外部環境と内部環境の統合的な融和による組織全体での競争戦略へと変化して

きたとも解釈できる。

　BSCは，このような統合戦略の時期に提起された経営戦略手法であることを反映しており，客観的な外部環境と内部環境の分析と，継続的な改善サイクル

いま，なぜ経営戦略が必要なのか

　経営戦略が企業（組織）運営において必要なことは，近年になっていわれ始めたわけではない。しかし現在，非常に多くの経営戦略書が出版され，かつインターネットでも，テレビの番組でも，戦略という言葉を聞かない日はないくらいである。なぜ現在，経営戦略がこれほどわれわれの身のまわりで騒がれているのであろうか。

　現在は，企業（組織）運営の選択を誤ると倒産（または破綻）する時代になってきたのである。つまり，経済状況が好景気循環しているときは，市場は平均して右肩上がりになる。このような上向き経済のときには，多々ある選択肢から，何かを特別に選択せず，まわりと同じことをしていても，市場全体が拡大しているために企業（組織）はその上昇気流に乗っていれば，自然に経営は拡大成長をするのである。

　しかし，市場（経済）が停滞してくると，市場全体から得られる収益は頭打ちになり，自社の事業（収益）拡大のためには，差別化が必要になってくる。つまり，「市場＝お客様」に他社よりも自社を選択してもらわなければならない（語弊があるといけないので，少々追記しておくが，市場が拡大時期においても，当然差別化を行って他社に打ち勝つことを目指して経営することは変わりない。しかし，市場が拡大基調にあるときは，一つの誤りで事業撤退に追い込まれるような危険な状況は少なく，挽回の機会が残されているのである）。

　そのために，市場（顧客）から見たときに，自社と他社（の製品/サービス）とが同じ顔では，自社の製品/サービスを選択してもらえる事業機会そのものを失う可能性が高くなる。したがって，現在のように市場低迷している時代ほど経営戦略によって，自社を他社と差別化することが必要になるのである。

　また，顧客の要望・指向が非常に早いサイクルで変化するような，製品/サービスの寿命の短い時期には，同様の傾向があり，拡大基調にある市場においても，戦略によって他社との差別化に注意しないと，市場から脱落して撤退することになるのである。

をベースにしたバランスを重視する経営戦略の**フレームワーク**である。

BSCでは，外部と内部，要素分解的な従来の効果的な問題解析の手法と，統合融和型の手法が，**4つの視点**によって効果的に統一されている。

2.2 BSCの起源

BSCはロバート・S・キャプランおよびデビッド・P・ノートンが提唱したマネジメントのための枠組み（フレームワーク）である。

まず，1990年にノートンがプロジェクトリーダーとなり，キャプランが学術面のコンサルタントを勤めた業績評価手法の実態調査『将来の組織における業績評価』を発表した。つぎに，1992年，上記調査結果をもとに新たな業績評価モデルとしてBSCを提唱した。これは，業績評価を財務の視点のみならず，顧客，内部プロセス，学習と成長の各視点から測定する方法である。

もともとは，日本の製造業の成功を支えた**TQC/TQM**，そして「方針管理」に類似した考え方であり，考え方そのものは新しいものではない。

日本では「モノづくり」に対してのみ改善サイクルを適応させたのに対して，米国では組織全体に対して改善サイクルを適応した（米国，欧州では40％以上の企業でBSCが採用されていると推定されている）。

日本においてもBSCが公開されている企業としては，リコー，富士ゼロックスなどが挙げられる。自治体としては，千葉市，横須賀市，三重県などでも採用されているとの報告がある。導入を検討しているであろう企業の数は，相当数あると思われる。ただし，BSCは企業の戦略を示すものであること，さらに企業としてはBSCを導入することが本来の目的ではなく，経営を成功させることである。このため，あえてBSCを導入していることを公表しない企業もある。

BSCの導入効果は，**成熟度**の高い企業（組織）が，さらなる変革のフレームワークとして，統一的な経営取組み方針を示すことによる各部門の，また複合企業の集団では各社の役割を明確にする意味でも非常に効果が高いと思われる。

しかし，多くの企業（組織）において，導入検討を行いながらも研究レベ

ル・調査レベルで終わってしまい，実施にこぎ着けられない場合も多々あると予想される。さらに，導入済み企業（組織）においても，業績評価を報酬とリンクさせることに対しては組織内からの大きな拒否圧力があり，トップダウンで実施することは難しいというのが実情である。

企業の経営戦略の実態は，リアルタイムで一般に公開されることはあり得ないし，国内におけるBSCの普及状況は，第一世代から第三世代まで混在したような状況であると予想される。

経営戦略策定前半の分析フェーズでは，従来から，開発されて用いられてきた経営戦略および分析手法の多くをそのまま用いている。例えば，5F分析，3C分析，SWOT分析などがそれにあたる。また，戦略構築のフェーズにおける戦略マップは，ウォーフィールドらのISM（interpretive structural modeling）や拡張されたFISM（flexible ISM）の，「意図」または「意思」の構造モデリングの技法の影響を受けているようにも思われる。

2.3　BSCの優位性

従来の経営管理手法は，財務中心の手法であった。BSCも初期には業績評価の色合いが強かったが，戦略のフレームワークとして発展したことで，財務と非財務のバランスの取れた経営管理手法へと成長している。

4つの視点は，ノートンとキャプランが，米国内の多数の企業をコンサルティングし，その結果を分析・研究した結論であるが，深い洞察とBSC自身の企業（組織）内での成長によって，「組織の継続的な改善と成長 ＝ 継続的な収益の獲得」という企業構造が明確になってきたともいえる。

日本の企業は，従来，経営管理手法として定義してこなかったものの，BSCの4つの視点を組織の内部に包括する土壌があったが，非財務項目を財務と同じ基準で経営戦略を立ててきたとはいいがたい。この点BSCでは，非財務項目が財務項目を支えていることを示したことは卓越しているといえよう。

欧米の企業をみると，1980年代までの経営管理手法は，基本的に業績評価書

の色合いが強く「結果主義」であった。したがって，短期における事業収益性が高ければ，レイオフ（一時解雇）や外部からの人材登用などによって，ある短い期間だけでも収益が伸びると経営者は責任を果たし，多額の報酬を得ることができたのである。その結果，社員への投資を行わずに，急速な競争力の低下を招いてしまったのである。

しかし，すでに欧米の企業では，BSCで用いられる4つの視点による経営管理手法の有効性と重要性を理解し，合理的に経営手法を変革しているように思われる。

2.4 BSC の進化

BSCは同じBSCという名前を使用しながらも，その利用の形態を変化させながら進化してきている（図2.1）。

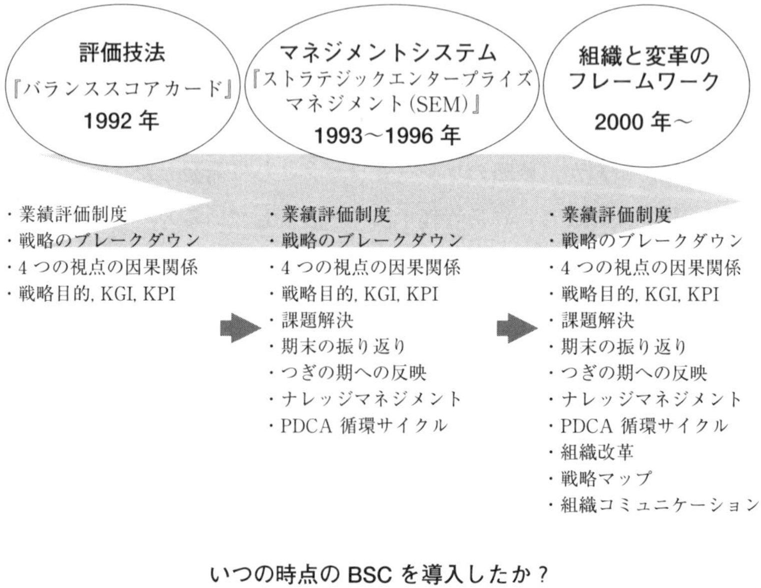

```
評価技法                    マネジメントシステム           組織と変革の
『バランススコアカード』    『ストラテジックエンタープライズ  フレームワーク
1992年                     マネジメント（SEM）』          2000年～
                           1993～1996年
```

評価技法	マネジメントシステム	組織と変革のフレームワーク
・業績評価制度	・業績評価制度	・業績評価制度
・戦略のブレークダウン	・戦略のブレークダウン	・戦略のブレークダウン
・4つの視点の因果関係	・4つの視点の因果関係	・4つの視点の因果関係
・戦略目的，KGI, KPI	・戦略目的，KGI, KPI	・戦略目的，KGI, KPI
	・課題解決	・課題解決
	・期末の振り返り	・期末の振り返り
	・つぎの期への反映	・つぎの期への反映
	・ナレッジマネジメント	・ナレッジマネジメント
	・PDCA循環サイクル	・PDCA循環サイクル
		・組織改革
		・戦略マップ
		・組織コミュニケーション

いつの時点のBSCを導入したか？

図 2.1 バランススコアカードの進化

BSCは，1992年に発表された直後の業績評価のためのフレームワークとしてのBSC，その後BSCを採用した企業の成功事例から抽出された，マネジメントシステムとしてのBSC，そして**戦略マップ**の考え方を加えた，組織と変革のフレームワークとしてのBSCとして進化してきた。

2.4.1 業績評価としてのBSC

BSCが生まれる以前の従来の業績評価では，財務に関する**評価指標**が中心であった。モノを作れば売れるといった売り手市場の世の中では，企業の業績は世の中の業績とつながって右肩上がりで上昇する。簡単にいえば，企業はその年にいくらもうけたかだけが，その企業の成績であった。

しかし，市場が成熟した買い手市場の世の中となった現在では，発表された業績はすでに過去のものであり，この先にもその企業が存続できるか否か，その企業の将来性に目を向ける必要が生じてくる。

つまり，企業は人に何を学ばせて（学習と成長の視点），その結果をどのよう

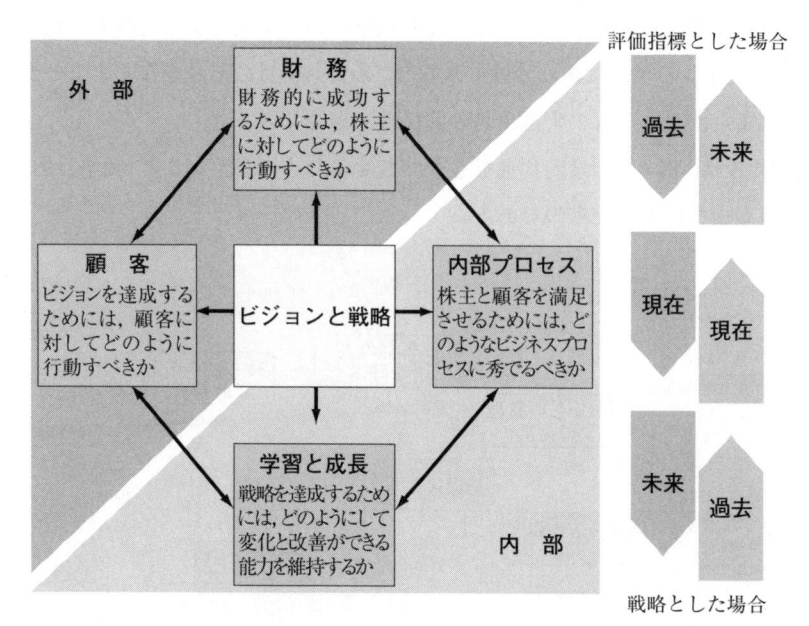

図2.2 評価技法としてのバランススコアカード（4つの視点による評価）

なしくみによって生かして（内部プロセスの視点），そのしくみによって企業の顧客に何を提供するのか（顧客の視点），そして，その結果を確認して新たな改善を加える改善サイクル（PDCA）が組織のシステムとして存在するかである。財務の視点のみで企業を評価した結果，粉飾決算が横行し，昨日まで業績の良かった企業が突然のように倒産してしまう。実際にこのような結果となった代表的な事例として，エンロン社の問題があった。

BSC（バランスの取れた成績表）の名前の由来は，図 **2.2** に示すように，「財務評価だけでは見ることのできない，現在・過去・未来を見ることのできる企業の評価」から生まれた。

2.4.2　マネジメントシステムとしての BSC

BSC が世の中に発表されたあと，多くの企業で BSC を導入し始めた。BSC をあくまで業績評価として利用する以外に，企業戦略における戦略目的の策定，戦略目的の過不足と関係性の確認といった新たな利用方法が生まれた。

通常，企業には戦略が存在する。この戦略において実施する各種の実施項目を BSC の 4 つの視点に振り分けてみると，必要な項目の洩れをなくすことができる。また，それぞれの実施項目の関係性も確認できる。

図 **2.3** は，例えば，学内食堂をもうけさせるために必要なこと（戦略目的）を思いつくままに挙げたものである。

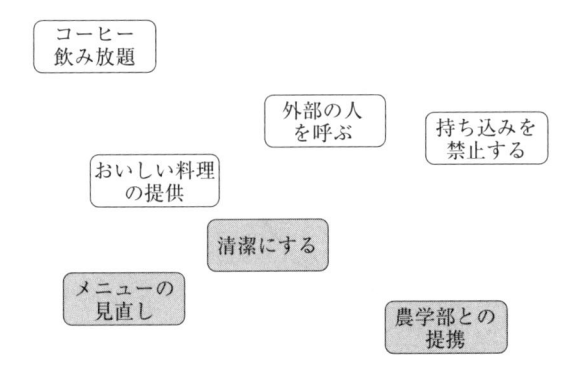

図 **2.3**　学内食堂がもうかるための要素

2.4 BSC の進化

この戦略目的を BSC の 4 つの視点に沿って考えてみると，図 2.4 に示すように，学習と成長の視点に関する戦略目的が存在しないことがわかる。

さらに図 2.5 で示すようにそれら戦略目的どうしをつないで，その戦略目的の関係性を示すことができる。この戦略の関係性を示したものを戦略マップと呼ぶ。なお，この図で示した内容については，すでにある程度吟味されている

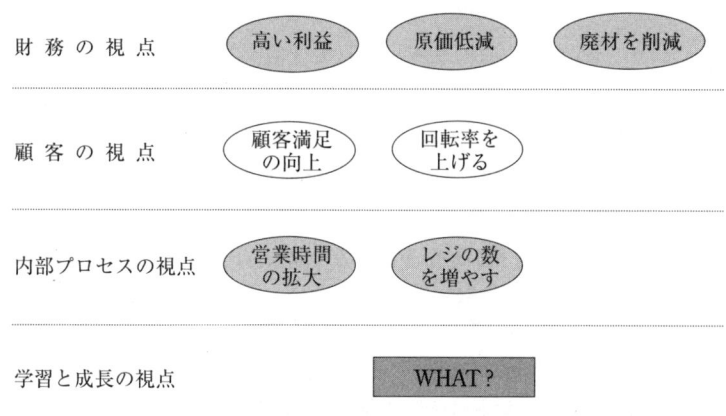

財務の視点	高い利益　原価低減　廃材を削減
顧客の視点	顧客満足の向上　回転率を上げる
内部プロセスの視点	営業時間の拡大　レジの数を増やす
学習と成長の視点	WHAT？

図 2.4 マネジメントシステムとしての BSC（4 つの視点と戦略目的）

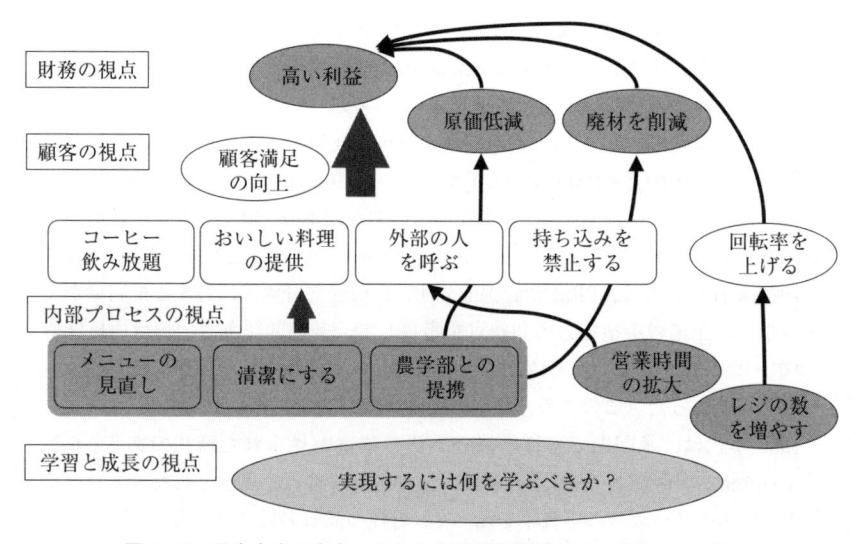

図 2.5 学内食堂がもうかるための分類と関連づけの戦略マップ化

ので，不要な戦略目的は削除されている。

2.4.3　組織と変革のフレームワークとしてのBSC

BSCは，企業が戦略を実現するために機能しているかどうかを管理するためのマネジメントツールとしての位置づけからさらに進めて，**表2.1**のように，企業のリーダーが，戦略を実現するために組織を活性化して，さらに変革を起こす方向づけのためのフレームワークとして位置づけられた。

経営手法の変遷
― **日本に学べ**（1980年代の米国産業界の衰退，TQC，TQM，6Σ，TOC，コア・コンピタンス経営，BSC）―

　1950～60年代の米国経済は安定した成長を維持し，大手企業では長期経営計画や戦略計画を中心に，効率的経営が中心に議論されていた。
　1970年代に入ると企業経営の多角化が進み，事業の資源や実績を効率管理し，資源配分が重視され，その技法の開発に関心が払われた。このような中で，当時GE（General Electric）社がボストンコンサルティンググループなどのサポートを得て開発したPPM（product portfolio management）という資源配分技法が開発された（この技法は現在でも使用されている）。
　1960年代までは，戦略は，長期計画・多角化戦略の一つとして考えられていたといえる。1970年代以降は，オイルショックのように予想外の環境変化が企業経営に大きなダメージを与え，米国経済の悪化があり，環境分析手法に関心が集まる中でSWOT（strength, weakness, opportunity, threat）分析が流行した。
　1980年代に入って，PPMや資源配分法，長期経営計画論に対する批判論が高まる中で，企業の中核能力の問題点を指摘して，長期的競争力の源は中核能力（コア・コンピタンス）の蓄積と活用であるという主張をしたのがプラハラードとハメルであった（このころ，日本企業の台頭が凄まじかった）。
　1980年代は，米国内で各種の経営手法の革新が見られた時代である。6Σ（six sigma）の手法は，1980年代初頭に日本市場に参入しようとしたモトローラ社が，日本のメーカーの不良率を比べて，自社の品質の低さに驚き，品質向上を

目指したのが始まりだといわれており，1996年にGE社のジャック・ウェルチが6Σ活動を宣言し，徹底して推進を図って驚異的な成果を挙げたのは記憶に新しい。

コア・コンピタンス経営では，ほかの手法と同様に日本企業の分析を行い，その根源は市場の創設であったと結論づけている。つまり，将来の顧客・市場・必要な製品/サービスを見い出し，自己の努力で市場を開拓して既存市場を変革してしまえば，ナンバーワンになれるというものである。そして，自社がどのように市場に挑戦するかという戦略は，会社独自の力（コア・コンピタンス）を有することが必要であるという考えである。

一方，日本企業の持つJIT（just in time）やカンバン方式，QCサークルなどの生産改善による品質とコスト低減に対抗するために，制約条件の理論すなわち，TOC（theory of constraints）が生産スケジューリングの手法として1980年代前半に米国内で開発され，スループット重視の生産を提唱して効果を挙げている。また，1980年代後半には，ABC（activity based costing）分析によるコスト管理が効果を上げた。

そして，マイケル・E・ポーターが競争戦略理論を唱え，競争戦略では差別化戦略について多く解説し，差別化とは，特定企業の商品やサービスが他社よりも，もっと価値がある，と顧客が認知するときに発生するとしている。

マイケル・E・ポーターまでの戦略論の展開をみると，分析的なアプローチの傾向が強いことである。1990年以降は，ようやくプロセス型，創発学習の必要性に着目し始めたように思われる。

こうしてみると，米国企業は1980年代から日本企業を研究し，1990年代に各種の経営手法が統廃合され，新たな指針が出されて復活し，その経営手法はあたかも日本企業からのコピーのように感じる。

しかし，決定的に日本と米国で異なることは，日本企業がボトムアップまたはミドルアップダウン型の，下から提案していく形の経営背景であるのに対し，米国企業はすべてトップダウンで経営を改善改革してきているということである。

BSCの生い立ちは，本文中にも述べたが1982年にさかのぼる。前述の歴史的背景から振り返ると，TQMの一つの形がBSCに集約されているともいえるのではないだろうか。BSCは，1992年の発表時点で市場・顧客・組織に着目しており，全体統合の先鞭といっても過言ではないのではないかと筆者らは思う。また，発表以来10年間継続して改良され続けて進化している経営手法も珍しいのではないだろうか。

表2.1 組織と変革のフレームワーク

戦略を実行可能なオペレーションの指標にする	・戦略マップ ・バランススコアカード
組織の方向を戦略と一致させる	・全社の価値向上 ・部門間の協調 ・間接部門の役割の明確化
戦略をすべての従業員の日常にする	・戦略の組織内への浸透 ・業績評価指標 ・報酬と業績評価の連動
戦略を継続的なものにする	・戦略と予算の連携 ・戦略に沿った学習 ・ITインフラ戦略
経営トップのリーダーシップにより変革を開始する	・動機づけ ・統合経営の手順 ・戦略的なマネジメント

2.4.4 BSC全体マップ

BSCは，図2.6に示すように（a）4つの視点，（b）BSCフォーマット

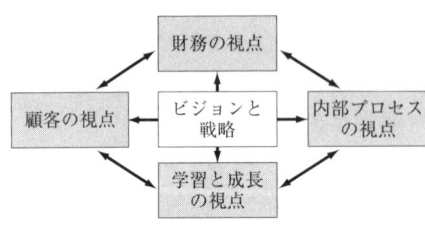

(a) 4つの視点

(b) BSCフォーマットシート

視　点	戦略目的	KPI	目　標
財　務			
顧　客	販売量の増加	マーケットシェア	2004年までに10〜12%へ増大する
内部プロセス			
学習と成長			

(c) 戦略マップ

図2.6 バランススコアカード全体マップ（3章「BSC作成事例」より）

シート，(c) 戦略マップの3つから構成される。

2.5 4つの視点

「今年こそは年賀状をパソコンで作ろう」

と，そう考えた場合，それを実現するためにはどのようなステップを踏めばよいかを考えてみる。

まず，どのようなスタイルの年賀状を出せば喜ばれるかを考える（顧客の視点）。つぎに，目標となる年賀状を作成するのに最も適したソフトウェア，家族の写真を取り込むためのデジタルカメラ，年賀状を印刷するプリンタについて，カタログなどで情報を収集する（学習と成長の視点）。そして，それぞれ必要なものを購入したあとに，それらをインストールして年賀状を作成する（内部プロセスの視点）。目標の年賀状を作成して投函することで，知人との関係を良好に保つという最終の目的（ここではとりあえず財務の視点とする）を達成する。

ここで，括弧に書かれた「視点」が，BSCで示す4つの視点である。BSCは何事においても必要なプロセスを4つのカテゴリーに分類しただけの単純な枠組みであることがわかる。

以下，例を挙げながら説明をしていく。

2.5.1 財務の視点

企業は株主のため，もしくは債権者のために存在する。財務的な成功が企業の戦略的な最終目的と考えて，そのためにはどのように行動すべきか。自治体であれば市民のために何をなすべきか。国であれば国民のためにどうあるべきか。家庭であれば家族のためにどうあるべきかなど，何が最終の目的なのかを明確化することが必要である。

2.5.2 顧客の視点

将来において多大な財務的成果をもたらしてくれる顧客指向，マーケット指向の戦略を明確化する。顧客とは，いわゆる外部の顧客だけでなく企業内の顧客（例えば，経理部にとっての営業部や製造部，学校の総務にとっての学生と先生）も対象となる。顧客の視点を考える前に，その組織にとっての顧客とは誰かを明確にする必要がある。

2.5.3 内部プロセスの視点

他社と比べて優れている重要なビジネスプロセスを明確化する。顧客満足度に大きなインパクトを与え，財務目的を達成する社内のビジネスプロセスに焦点を当てる。既存のビジネスプロセスの改善よりも，新規のビジネスプロセスの明確化が重要である。オペレーションプロセス（生産，販売，アフターサービス）だけでなく，イノベーションプロセス（製品開発，設計）も明示する。

2.5.4 学習と成長の視点

優れた業績は，個々の従業員のスキルが高いことが必要である。長期の成長と改善を確保する基盤，組織を形成するためには，人間，システム，業務手続きの3つが源泉となる。従業員の再訓練，情報技術の活用，社内のしくみを強化することが必要である。

4つの視点は，企業に限らず組織の継続的な成長と発展のために必要なことである。すでにPDCAサイクルについては説明してきた。PDCAサイクルは，経営そのものであることも説明した。つまり，計画から中間のチェックを経て，不足・改善事項をさらに継続して行う。計画策定時には，環境の変化や自社の置かれている状況を理解して，有効な戦略を立案して事業運営していくのである。

最近では，図2.7に示すように，**モニタリング**（**see**）を重視しており，各フェーズが滞りなく進むように，実行作業をモニタリングして，実行期間内での円滑な運営を図ることが行われている。

2.5 4つの視点

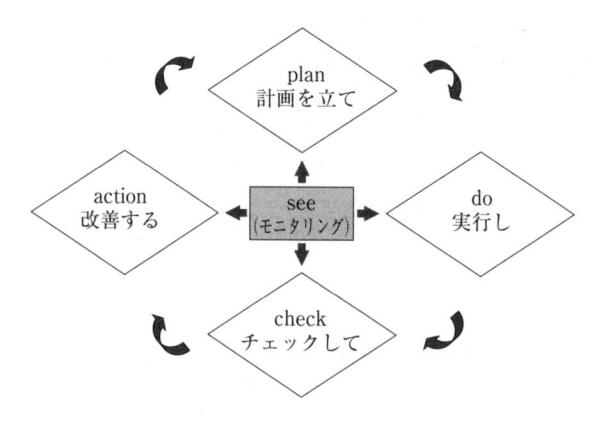

図2.7 PDCA (see) サイクル

4つの視点も**図2.8**に示すように，同じように循環サイクルで考えると，健全な財務状況は顧客の支持があって成立し，顧客の支持，つまり**顧客満足**（customer satisfaction，略して**CS**）を得るためには，企業が顧客から十分に評価を受けて，継続的な取引を得て，かつ新規の顧客を獲得し続けるために，企業の内部プロセスが充実している必要がある。そして，内部プロセスをつねに改善し続けるためには，企業の構成員である社員と会社組織の学習と成長が必要なのである。

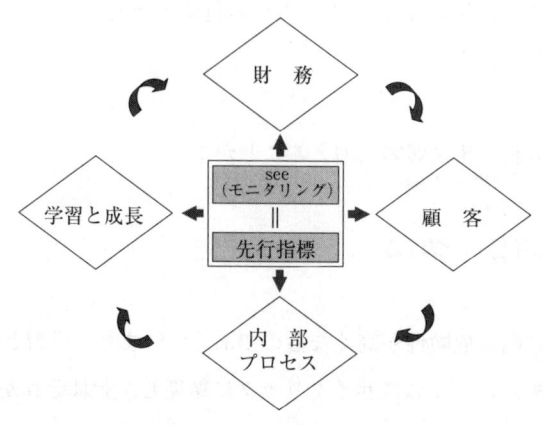

図2.8 4つの視点のサイクル

つまり，企業（組織）が継続的な発展をしていくためには，この4つの視点を用いて，継続的な改善プロセスを実施していくことと，モニタリングによるチェックを行いながらで円滑に進めていくことが非常に重要であるということである。

もし，この「輪＝循環」が途切れるようなことになったとしたら，どのような変化が起こるだろうか。

  社員の業務に関する実務能力は向上しない
    ↓
  社内の業務プロセスの改善は停滞する
    ↓
  顧客に十分な「満足」を与える，サービス/製品が提供できない
    ↓
  顧客は他社（他社製品）を選択して売上げは落ち，十分な利益が得られない
    ↓
  社員に十分な報酬を支払えない
    ↓
  有能な社員が辞め，社員一人一人への負荷が増大し，業務プロセスは悪化していく
    ↓
  顧客は離れ，新規顧客は増えることがない
    ↓
  財務は悪化しつづける

という悪循環に陥る危険性が高くなるのである。つまり，学習と成長から財務に至る4つの視点は，つねにサイクリックに循環し，それぞれが依存関係にあるのである。

ここで，わかりやすい事例を挙げてみよう。

例えば，大学の経営を考えてみる。大学といえども，経営の継続のためには財務的な裏付けが必要である。財務が良好でなければ，職員・教員への学習および研究への投資が少なくなる。このような状況が続くと，学生への教育の質が停滞もしくは低下や研究水準が低下するなどの問題が出てくる。そして，学生への学内サービスを向上することが難しくなり，社会への貢献が下がることが考えられる。

その結果，研究水準の低下・低迷は学生を引きつける力を失い，教育レベルの低下は企業からの評価を下げることになり，つぎの収益源である学生を大学に引きつけることが難しくなる。

さらに，学生が少なくなると直接的な収益が小さくなり，大学の評価が下がると学生の進学希望が少なくなる。

このようにして，4つの視点につねに十分な注意をもって実施内容を戦略的観点からバランスよく運営していくことは，企業だけではなくすべての組織で必要なのである。

昨今では，大学が海外の第三者評価を受けることも始まっている。これは，将来的に外部から経営資源・資金を得るときに有利な状況を作るために，客観的な第三者評価を利用することを戦略的な観点から行っているためである。

このように，大学といえども組織経営の観点から運営されることが強く要求されてきているのである。

2.6 BSCフォーマット

初期のBSCである評価技法の時点では，**目標**（goal）と**評価指標**（measures）の2つの項目であった。その後のBSC活用領域の拡大により，戦略マップでは戦略の柱となる複数の戦略テーマが利用されるようになるなど，BSCフォーマットに記述される項目はわずかながら変化してきている（図2.9）。

42   2. バランススコアカード（BSC）—バランスのとれた経営の通信簿—

第一世代

4つの視点

財務の視点 / 顧客の視点 / 内部プロセスの視点 / 学習と成長の視点 ← ビジョンと戦略

BSC フォーマット

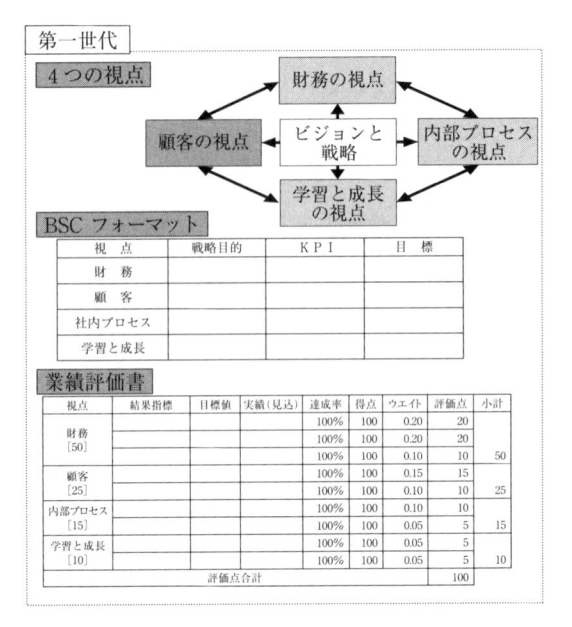

視点	戦略目的	KPI	目標
財務			
顧客			
社内プロセス			
学習と成長			

業績評価書

視点	結果指標	目標値	実績（見込）	達成率	得点	ウエイト	評価点	小計
財務 [50]				100%	100	0.20	20	
				100%	100	0.20	20	
				100%	100	0.10	10	50
顧客 [25]				100%	100	0.15	15	
				100%	100	0.10	10	25
内部プロセス [15]				100%	100	0.10	10	
				100%	100	0.05	5	15
学習と成長 [10]				100%	100	0.05	5	
				100%	100	0.05	5	10
評価点合計							100	

第二世代で追加

結果と課題, 次期への反映

	財務の視点	顧客の視点	内部プロセスの視点	学習と成長の視点
結果				
課題				
次期反映				

第三世代で追加

戦略マップ

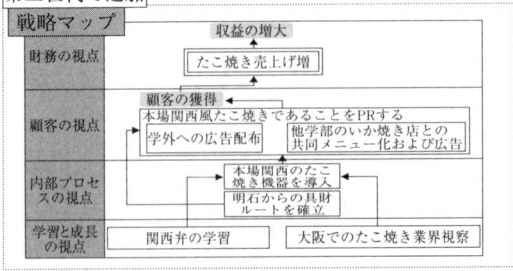

財務の視点	収益の増大 ← たこ焼き売上げ増	
顧客の視点	顧客の獲得 本場関西風たこ焼きであることをPRする 学外への広告配布	他学部のいか焼き店との共同メニュー化および広告
内部プロセスの視点	本場関西のたこ焼き機器を導入 明石からの具材ルートを確立	
学習と成長の視点	関西弁の学習	大阪でのたこ焼き業界視察

図 2.9 バランススコアカードの変化

また，BSC の導入企業や組織によっては，社内で共通用語が異なり，既存の経営戦略に関する様式との関係から，独自の項目を加えることもある。

このため，ここでは本書で使用する用語を明確にしておく。必須な項目は戦略目的と評価指標である。それ以外は必要に応じて設ければよいし，社内や組織で理解できる標準的な用語に変更することも可能である。

- **戦略テーマ**　キャプランとノートンの定義では戦略テーマは，経営を理想の姿へ導くための「仮説」，「検証」のための道筋としている。
- **戦略目的**　仮説検証の目的，ありたい姿の方向や何のためにするかという方針である。
- **重要成功要因**（CSF：critical success factor）　施策，方針，業務，手段など，経営を成功に導くための重要な要因である。
- **評価指標**（performance indicator）　**成果指標**（outcome measures）とも呼ばれる。結果として現れた成果を表現する後行指標ある。BSC の業績評価指標は先行指標と結果指標 KGI（key goal indicator）の二つに大別される。
- **先行指標**（key performance indicator または lead indicators）　パフォーマンスドライバー（performance drivers）とも呼ばれる。実施中間で，運営進捗の確認のための指標である。
- **目標**　ターゲット，目的に向かう際の道しるべである。数値化・非数値化で示す。
- **実施項目**　重点実施項目として記載する場合もある。経営戦略で目的を達成するために行う実行項目を指す。

2.7　BSC 詳細

2.7.1　4つの視点だけか？

4つの視点は多くの企業に通用するが，あくまで一種のひな型である。4つの視点を変えることもできるし，視点を付加することも可能である。自治体など

の組織によっては財務の視点が不要な場合もある。ただし，視点をあまり増やすことは勧めない。

BSCを戦略として使用する場合は，それぞれの視点の因果関係が重要である。

視点を増やす場合には，ほかの4つの視点との関係から，自社にとって新たな視点が重要で，かつ外せないという必然的理由（必要とする理由）があること，また，その視点がほかの視点と同じくらい自社の事業目的にかかわっていることなどがある場合を除き，増やす必要はないであろう。

ほかの視点の例や視点の呼び方としては，以下のようなものが挙げられる。

- 第5の視点
    - 環境の視点
    - 社会関係の視点
    - 開発の視点
    - 健康と安全の視点
- 非営利団体の視点
    - ビジョン
    - ステークホルダーの視点
    - プロセスの視点
    - 学習と成長の視点
- 某銀行の視点
    - 財務営業の視点
    - お客様の視点
    - 社内ビジネスプロセスの視点
    - イノベーションの視点

しかし，BSCの基本である4つの視点にまとめて，各視点の相互関係に注意しながら施策を実施していくことが，最も効率的で効果的と思われる。

2.7.2　バランスのとれた評価指標

BSCは，その名前のとおり以下の項目のバランスを考慮しながら評価指標を

決定する。
① 短期目標と長期目標のバランス
② 財務的な業績評価指標と非財務的な業績評価指標のバランス
③ 過去と将来の業績評価指標のバランス
④ 外部的視点と内部的視点のバランス

2.7.3 企業のビジョンと戦略から導き出されたもの

BSC は企業のビジョンと戦略に沿って，財務の視点，顧客の視点，内部プロセスの視点，学習と成長の視点という4つの視点から評価する。この4つの視点に対して，目標，評価指標，ターゲット（時期），具体的施策を明記する。つまり，BSC は企業のビジョンと戦略を可視化することができる。

2.7.4 指標化されたもの

BSC は指標化により戦略が具体化される。また戦略の実行をモニタリング化し，実行結果を評価することができる。加えて立案した戦略の仮説を検証し，そこで見い出した問題をフィードバックすることができる。

2.7.5 因果関係が明確

視点間の因果関係，指標間の因果関係，戦略目的間の因果関係，戦略とアクションなどの因果関係が明確になる。どの因果関係が企業の戦略にとって重要かを明示することができる（**図2.10**）。

学習と成長の視点 → 内部プロセスの視点 → 顧客の視点 → 財務の視点

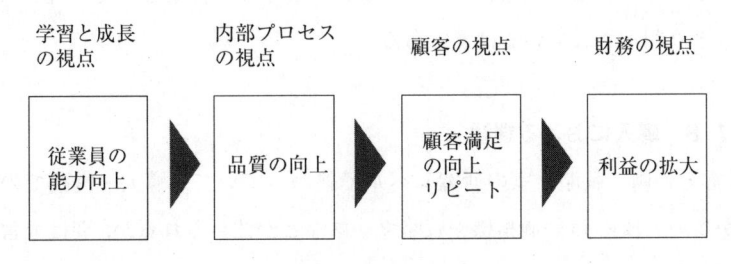

従業員の能力向上 → 品質の向上 → 顧客満足の向上 リピート → 利益の拡大

図2.10 各視点の因果関係

2.7.6　コミュニケーションツール

戦略策定における計画，実行，そして評価時に，それぞれトップ層，ミドル層，ボトム層間のコミュニケーションツールとして利用することができる。

2.7.7　階層的な管理が可能

「全社 → 事業部 → 部 → 個人レベル」まで落とし込み，企業全体の戦略における整合性を保つことができる（図2.11）。このように階層展開することによりミッション，ビジョン，戦略を伝達するフレームワークとして活用することができる。

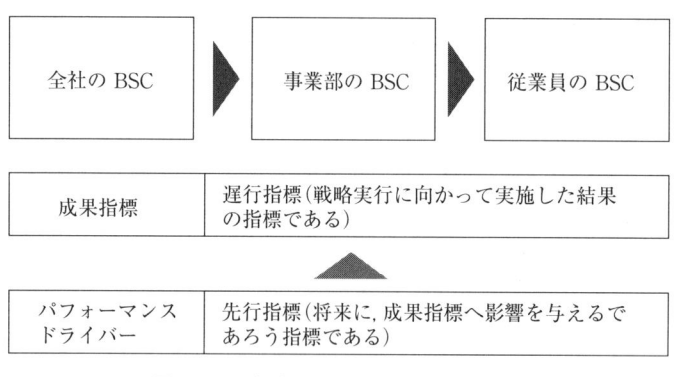

```
┌──────────┐    ┌──────────┐    ┌──────────┐
│ 全社の BSC │ ▶  │事業部の BSC│ ▶  │従業員の BSC│
└──────────┘    └──────────┘    └──────────┘

┌──────────┬─────────────────────────────┐
│ 成果指標  │ 遅行指標（戦略実行に向かって実施した結果 │
│          │ の指標である）                │
└──────────┴─────────────────────────────┘
                    ▲
┌──────────┬─────────────────────────────┐
│パフォーマンス│ 先行指標（将来に，成果指標へ影響を与えるで │
│ ドライバー │ あろう指標である）              │
└──────────┴─────────────────────────────┘
```

図2.11　組織における BSC の階層展開

よく練られた BSC では，全体の BSC の**重点施策**が，事業部レベルの戦略目的にあてられているはずである。下層に行くほどに，実際の詳細な実務ベースの記述になっていて，戦略マップを全体から個人までつなげ，並べて内容を確認すると，その企業の戦略目的・目標がどのような実作業として実現されるかがはっきり明示されているはずである。

2.7.8　導入における課題

「経営・企画・戦略」室の研究レベルで終わっていて，導入・実践でのつまずきが多い。BSC は評価指標や戦略マップなどが注目されるが，要は経営を円滑に行うためのツールなのである（もちろん研究対象としての面白さを否定す

るつもりはない)。つまり，実践が重要なのである。

　では，なぜ研究レベルで終わってしまうのかを筆者らの見解として述べると，そこには2つの理由があると思われる。

　1つめはBSCに限らないが，経営戦略の策定と実施は，その企業（組織）の成熟度が高いことを要求するということが大きな理由であると考えている。企業の成熟度が低い場合には，社員一人ひとりが組織の求める成果をどのようにして得るかについての戦略を理解し，戦略の方向性を共有するということを学習するところから始めなければならないのである。

　2つめは，BSCは単なるツールであるが，特に日本では形式主義に陥り（おちい）がちで，「～すべき」論になって，硬直した制約になり，管理に終始して管理する人，される人というような従来の管理手法の失敗と同様な状況になり，継続的な改善活動に昇華できないことが考えられる。

　このような理由から，研究レベルで終わっていて，導入に至らないケースは，かなりの数になるのではないかと想像している。

　導入の前に，自社（自己の組織）の成熟度を客観的に評価して，導入して経営が改善可能なレベルにあると判断できた時点で行うのが好ましい。

　客観的な自己の実力判断は難しいが，例えばコンサルタントと契約して，客観評価するのも一つの方法であろうし，導入企業の事例などを参考に（書籍での紹介記事など），自社との比較を行ってみるという方法も考えられる。あとで示すCobitの成熟度評価を参考にするのもよい。

2.7.9 戦略マップ

　戦略マップとは，戦略を記述するための論理的で包括的なフレームワークである。組織体の求める成果をどのようにして得るかについての仮説を提供し，組織体の構成単位と従業員が戦略を理解し，戦略の方向性を共有するために用いられる。

　財務的尺度だけでなく，顧客満足，市場占有率，コア・コンピタンスといった価値創造のプロセスを記述・測定し，「財務 ⇔ 非財務」の因果関係も一目で

理解することが可能である。

顧客の価値提案は，やる気のある従業員，高いスキル，優れた情報システムといった無形資産が，新製品開発や顧客満足から得られる利益という有形の成果に変換していく関係や，ないしはそのプロセスが記述できる。

具体的には，戦略マップは，論理的かつ首尾一貫した方法で戦略を記述し，可視化するものである。BSC（または，ほかの戦略フレームワーク）を利用しない企業の戦略は，多くは経営者の頭の中に戦略はあるが，それらは従業員すべての理解となっていないことが多い。また，戦略を言葉で説明して理解している（と思っている）場合，その企業の戦略は，最大で従業員の数だけ存在する可能性がある。

このように，共通化できない戦略は，その組織の進むべき方向性を一致させるのに，多大な努力を要し，かつ時間経過とともにねじれて変化することが往々にして発生しがちである。

日本において「暖かい」という言葉は，北海道に住む人の場合と沖縄に住む人の場合とでは，絶対的な温度は異なる。エアコンの温度であれば25℃に設定するといった，絶対的な指標で示して指示することができるが，戦略を言葉

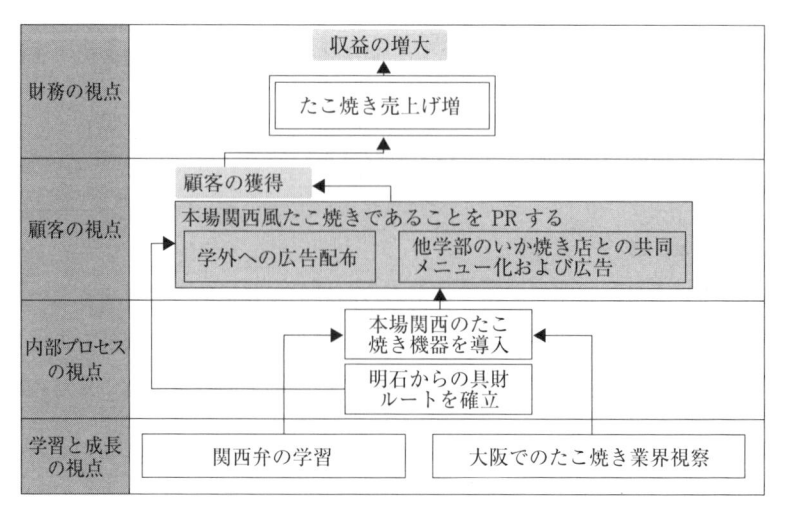

図2.12 売上達成のための戦略マップ（3章「BSC作成事例」より）

で示し指示することは容易ではない。

BSC の戦略マップは，これらの問題を解決するフレームワークである。

図 2.12 に戦略マップの一例を示した。戦略マップは戦略（複数の戦略テーマから構成される）を構成する仮説と評価基準を 4 つの視点に分類し，それらの因果関係を関連づけて用いる。

経営者および管理者は，戦略マップに関連づけられた評価指標をモニタリングすることで，戦略の実施状況を把握することができる。

戦略の実践者である従業員や組織の人間は，戦略マップに示された要素を自分の作業項目へと落とし込むことができる。

第三世代の特徴である戦略マップでは，図 2.13 のように，汎用的な戦略傾

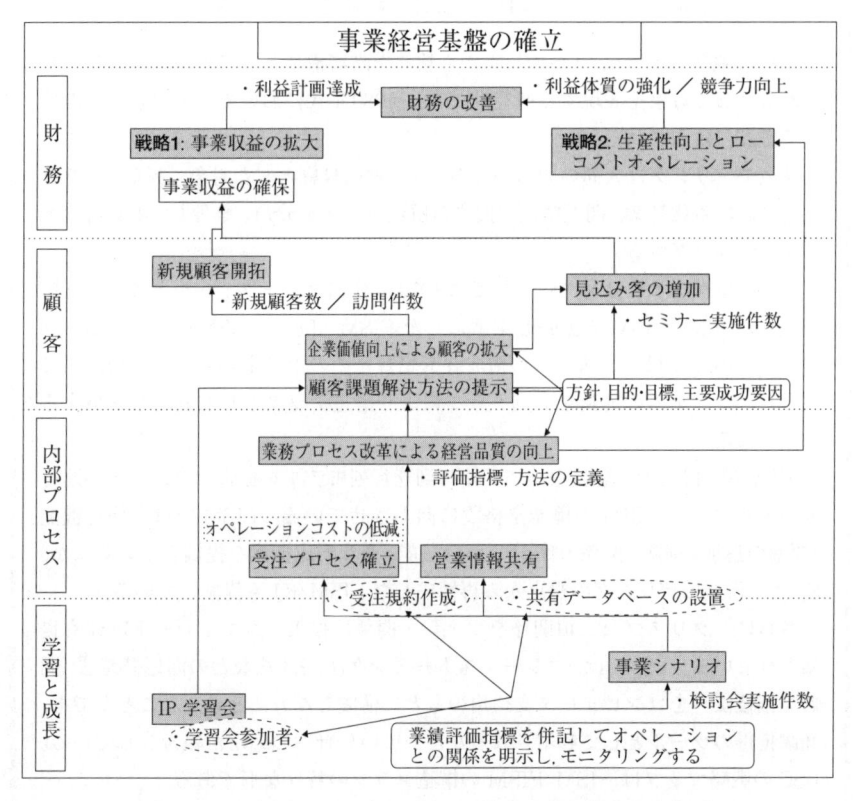

図 2.13 戦略マップの事例（成長・拡大戦略と効率化戦略例）

向が示されている。財務戦略に関しては，成長・拡大戦略と効率化戦略に大別される。これは，一方が事業収益の拡大であり，もう一方はコスト削減・生産性向上などを示すものである。

　成長・拡大戦略の場合，新規の収益増加（新規事業，新規顧客獲得）をねらう場合と，既存事業・既存顧客からの収益増加をねらう場合がある。顧客・内部プロセス・学習と成長の各視点においても大別して汎用的な戦略に基づき，戦略テーマが設定されるのである。

戦略意思決定と可視化　── FISM：柔軟な構造モデリング法 ──

　BSCの戦略マップは，4つの視点から戦略を階層構造として表現している。階層構造として対象を表現する研究は1970〜1980年代においてシステム工学の分野で盛んに研究された。

　構造モデリングは人間の頭の中にあって，曖昧模糊(あいまいもこ)とした対象，例えば，意思決定における代替案，問題解決に関する解決案などを分類，整理し，階層構造としてモデリングする。

　代表的な構造モデリング法としては1970年代にウォーフィールドによって提案されたISMとISMを拡張し柔軟にしたFISM（flexible ISM）がよく知られている。ISMでは，システムの構成要素集合とその上に定義される二項関係に注目し，システムの構造を有向グラフにより構造グラフとして表現し解析する方法である。

　FISMは，ISMの基礎になっている可到達行列モデルを拡張した部分可到達行列モよって，ISMの機能を格段に向上させている。FISMでは，修正機能（要素の追加／削除／関係の修正），結合機能，合意形成機能を提供しているほか，KJ法を構造モデリングの視点から再構成したFISM/KJも提案している。

　さらに，クリスプな二項関係をファジー関係に拡張したファジーFISMも提案されている。FSIMは，ブレーンストーミング法，KJ法などの問題発想法（問題発掘技法）をコンピュータ支援用のもとに構成した方法と考えることができ，知識獲得のツールとして利用されるなど，広い分野への応用が報告されている。BSCの戦略マップは，ISM/FISMの構造グラフの特殊な形である。

2.7 BSC 詳細　51

しかし，既存顧客の抱え込みに傾いているといえども，経営戦略を抱え込み戦略終始していると，経営効率は上がるため収益率は改善され，その範囲で安定した経営を継続することができれば，当面の間，事業経営は成功である。しかし，いずれ新規の収益増加策を併用するか，または戦略の転換を図って既存事業（既存顧客）重視から新規事業（新規顧客）開拓に変更する必要がある。なぜならば，事業の拡大がなされないと，企業の事業発展は難しいからである。

したがって，先に述べた事業収益の拡大戦略と，効率化戦略の併用記述をして，破綻しないようにバランスをとりながら慎重に戦略を立てられているケースが多く，戦略マップには一定のパターンが形成されつつあるのである。

図2.13では，戦略マップの項目数は少ない（一般に，項目や重点施策は部門当り10～20個程度が適当な数であるといわれている）けれども，成長・拡大戦略と効率化戦略の矛盾する目標も，バランスを考慮することで両立点が明確になることを示す一例である（または，立てた戦略項目に矛盾があれば判明する）。

2.7.10 戦略目的

まず，目的とは何であるかについて考えてみる。目的は，「What＝何，または何を」目指すかである。では何のためにWhatを目指すのであろうか。企業に限らず，個人の人生においても「ありたい理想の姿」があるであろう。その理想を実現することを「目的」としてとらえるのが妥当であろう。

したがって，戦略目的は企業（組織または個人）の理想の状態を，ある理由（ミッションやビジョン）によって実現するために立てられるものである。読者の身近な事例を取り上げ示していくまえに，少し，基本に立ち戻って必要な説明をしておこう。

目的は，MBAなどではSMARTで示されることがある。つまり，以下の5つのキーワードである。

　S：specific　　　　具体的に
　M：measurable　　測定可能に
　A：attainable　　　達成可能

R：reasonable　　　合理的

T：timely　　　　　時節に合っているか

つまり，具体的な姿が想像でき，その目的を達成しているか，どこまで到達しているかを測ることが可能であり，達成は可能であり合理的な方法であるかどうか，時節に合致した目的であるかどうか，をそれぞれ吟味しなくてはならない。

ここで少し，目標と実施について説明を補完しておきたい。なぜならば，目的を実行に移していくには，目標の設定と実施計画が必要だからである。

もし，目的が明確になったとしても，目標を立てて，目標に向かって一つひとつ行動を実施していかなければ，決して目的を達成することはできないのである。

往々にして，目的を立てて目標を設定しても，現場での実行がともなわないために宙に浮いた言葉遊びになることがある。これは，目的を定めても，企業（組織）内部で合意形成に至らぬまま開始し，実現性が見込めないうちに進めてしまうことが大きな要因であると思われる。そのため，目的に即した目標の設定と実施計画が非常に重要なのである。

企業における戦略目標は，前述の目的到達のために，事業戦略を推進するうえで達成・実現しなければならない，ある時期での目標数値もしくは施策である。したがって，Where に到達するかということと同義であると考えられる。企業の方針や計画では，「事業収益を改善する」，「顧客サービスを強化する」などのように記述されていることが多い。

重点施策は，How に属するものである。ミッション（理念）やビジョン（方針）によって企業（組織）の存在理由を示し，そのために目的（objects）を立てていく。目標を決めたあと，実際の実行計画を立てて実現していくのであるが，このときには，どのようにして実現するかという具体的な行動様式に転換しなければならない。

これまでの説明をまとめると，以下のように整理される。

What　⇒　Where　⇒　How　⇒　When　⇒　Who

（何を）　（どこに向かって）（どのようにして）　（いつまでに）　（誰が）

実際の実行計画の場合，さらに「誰が」，「いつ」というように具体的に実行担当者（部門）と期限（期間）が定められていく。

これまで，目的と目標を分けて説明してきた。目標が到達点を示すものであるのに対して，目的は目指す方向であると考えているからである。

これは十分に注意しておいたほうがよい。目標を目的と勘違いしていると，目標が達成できなかった場合，つぎの目標を立てるという行為ができなくなり，挫折してしまう場合がある。明確な目的を見つけることができていれば，ある目標が達成できなかった場合でも，つぎの目標を設定して目的に向かって進み続けることができるのである。

BSC では，戦略目的を設定するとともに，目標（KGI）やその経路を計測する先行指標（KPI）をフレームワークに有していて，組織の所属員すべてが，その方向性や計測が誤りなく客観的に判断できるようになっている。

さてここで，戦略目的の事例を挙げてみよう。

「ロボット」の研究や開発をして人間の生活を豊かにするという目的があったと仮定する。この場合，人間の未来に貢献するという大きな目的があると考えられるが，より具体的にロボットを研究・開発することで，何を実現したいと決めることを目的に充てても間違いではないだろう。

それが，崇高な目的であれば，より具体的に自立識別型の介護ロボットを研究開発する，または，災害救援用の人間型2足歩行ロボットを研究・開発する，など具体的な**到達目標**を決めていくことができるだろう。また，研究・開発を行っている途中で，自己以外の誰かが先に介護ロボットや災害救援用ロボットの開発に成功して，すでに残っている研究・開発の目標が自己の中で失われても，「人類の未来に貢献する」という目的がしっかりしていれば，また新たな目標を定めて自己の研究・開発を続けることができる。

しかし，「2足歩行型のロボットを世界で初めて作成する」という目的を立てていたとしたらどうだろうか。すでに誰かが世界で初めてそのようなロボットを完成してしまっていたら，目的を見失ってしまうのではないだろうか。

したがって，戦略目的は，ある期間の目的である場合もあるが，つねにその目的に

進んでいくことで，ミッションやビジョンに近づくための本質的な What である。

2.7.11　KGI と KPI

例えば，初めてにかかわらずともどこかの場所へ，何らかの手段を利用して向かうような場合，確実にその場所へと向かっているかどうかの確認は，どのように行うのであろうか。

通常，列車を利用するような場合であれば，通過する路線と駅をあらかじめ調べておき，その時々で通過した駅名を確認することで，ルートが正しいことを確認できるであろう。車を利用した高速道路での移動であれば，道路地図やカーナビゲーションシステムを利用して，通過したパーキングやインターチェンジの名称を確認するであろう。

到達目標：KGI は到達目標そのものを意味する。

先行指標：KPI は先行指標は通過した駅やパーキングの名称など，到達目標
　　　　　へ向かうことを示す何らかの指標を意味する。途中通過点と考え
　　　　　てもさしつかえない。

目的地に向かうためには，**図 2.14** に示すように，中間地点（目標）を設定し，「頂上」（目的）を「制覇」（達成）すると考えればわかりやすいであろう。

つまり，目的（頂上制覇）を達成するために，その進捗状況を中間地点への到達度として，モニタリングが可能になるのである。

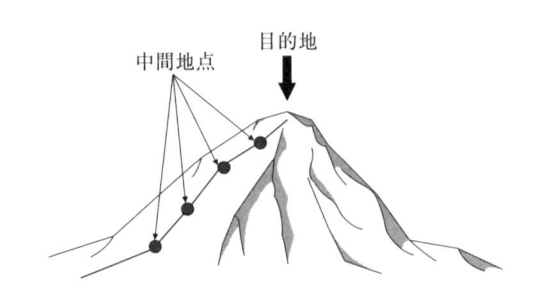

図 2.14　目的地と中間地点

2.7 BSC 詳細

技術者や研究者あるいは学生の場合では，論文を作成する作業のゴールは，論文作成の完了であり，KGI はその論文のページ数である。KPI は単純に考えれば週当りの作成ページ数であるが，関連資料の調査もあるはずなので，調査した書籍の数，机に向かって研究した時間，インターネットでの検索数などの複数の作業を確認することで，その監視内容はより精度が高まるといえる。

〔演習〕
あなたのビジョンと KGI，KPI を挙げてみてください。
〔ヒント〕
KPI を積み上げることで KGI は達成しますか。
最終ゴールに到達しますか。

では，経営において目標を達成するような場合は，どのように確認すればよいであろうか。

3章で述べる BSC 作成事例，北大祭のお好み焼き屋台を例にとって考えてみる。売上げの場合，毎日の売上げを確認すればよい。関西風お好み焼きの焼き方の練習は何をもってゴールとするか。単純には練習に要した時間，失敗したお好み焼きの数と成功したお好み焼きの数当りであろうか。内部プロセスとしては，時間当りに焼いたお好み焼きの数。顧客としては，顧客満足度，リピート率，友人へに紹介数など。

多くの企業では，目標と期限は与えるが，その確認は期限になってからというものが多かった。要は札幌から大阪へ行くよう指示しながら，その途中途中での確認は何も行ってこなかった。確かに，東海道新幹線が東京－大阪間であれば，東京で「ひかり」に乗れば大阪は終点なので，確認する必要もないだろう。とにかく製品を作れば売れる 1980 年代は，そのような（誰でも終点にたどり着ける）時代であったともいえるかもしれない。しかし，戦略をもって競合他社と戦わなければならない現在においては，そのようなわけにはいかない。期の終了までその結果を待って，達成できなかったでは済まされない。

KGIとKPIは特に新しい考え方ではない。何かの目標に到達するために，確実に目標へ向かっていることを管理するという作業においては，至極当然のことなのである。

BSCでは，KGIとKPIを重視している。BSCのフレームワークを用いるときに，戦略目的と，この二つの指標を先に決めることから始める作成手順を紹介している事例も少なくない。

戦略シナリオを作成する場合，最終到達点（goal）を決めることはもちろんであるが，業務（作業）を実行計画に移行していく際に，中間目標を厳密に定義せずに着手してしまう場合が往々にしてあるのである。

計画を実施していく途中で，その経路がぶれて当初のねらいの成果が得られなくなるということを，読者も一度くらい経験してはいないだろうか。

つまり，KGIとKPIによって，つねに実行状況を客観的にモニタリングすることが可能になり，かつその進捗や課題に注意を向けることで，確実に目標に向かうことができるようにしているのである。

このため，BSCでは定量的な指標を重視し，定性的な指標設定を極力避けるのである。

2.7.12 成　熟　度

BSCは，多くのステップからなる企業活動における経営戦略策定という1ステップの中の，さらに一つの手段に過ぎない。BSCを本格的に推進するには，ビジョンに基づいた戦略の立て方（SWOT分析からBSCの4つの視点へ落とすなど），実施体制，運用体制，組織化などについても進める必要がある。

BSCを導入するには，企業の成熟度レベルが3以上であることが必要との意見もある。

図2.15にCobit(control objectives for information and related technology)の成熟度レベルを示す。

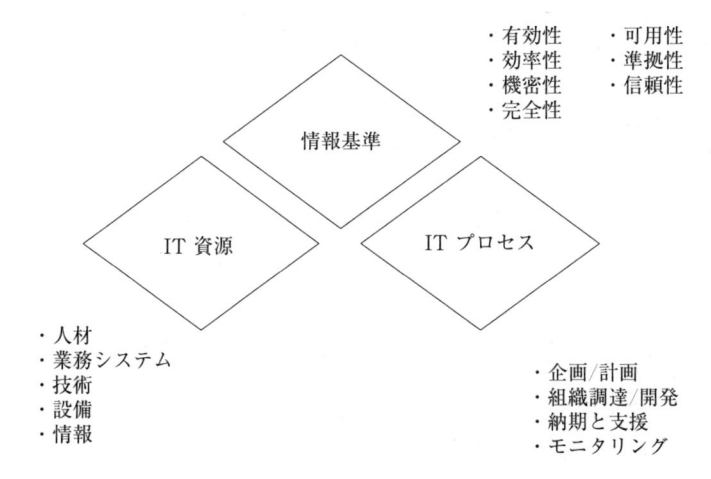

```
            ・有効性  ・可用性
            ・効率性  ・準拠性
            ・機密性  ・信頼性
     情報基準 ・完全性

 IT 資源          IT プロセス

・人材
・業務システム
・技術              ・企画/計画
・設備              ・組織調達/開発
・情報              ・納期と支援
                   ・モニタリング
```

図 2.15 Cobit の成熟度レベル（Cobit Steering Committee and the IT Governance Institute™ COBIT® 3rd Edition Framework, July 2000, p.22 を参考に作成）

2.8 BSC 導入に必要なこと

BSC の導入には，経営者にビジョンと戦略があることが必要である（図 2.16）。理想（ありたい）の会社の姿や，確固とした経営戦略なしに BSC を導入するのは，ゴールとその中間到達点を設定しないで先に進むようなものである。

```
        経営者にビジョンと戦略があること

        明確なビジョンとそのビジョンを実現する
        組織としての戦略が存在すること

            BSC の策定に重要
```

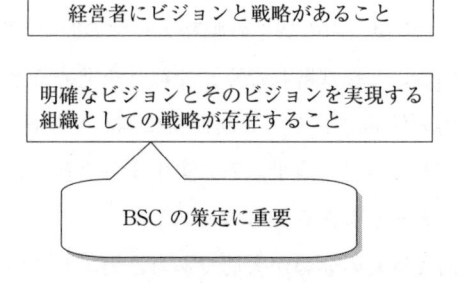

図 2.16 BSC 導入に必要なこと（その 1）

また，通常，経営者は「ビジョンも戦略もある」ということが多いが，経営者の頭の中にあるだけでは，実施にあたって行動規範となるガイドラインが，各自によって異なる可能性が高く，ビジョンを実現する組織としての戦略が存在しなければならない。

ただし，かりにビジョンも戦略もない状態で，BSCの導入に着手できないかといえば，そうではなく，経営者が，BSCの導入決意を固めてから，ビジョンと戦略の策定および実施組織形態を整えるというように，組織改革の**ドライビングフォース**に用いることも可能であろう。

また，BSCの導入にあたっては，図2.17に示すように，リテラシー（情報・知識の習熟度）・成熟度が高いことが必要であるといわれている。

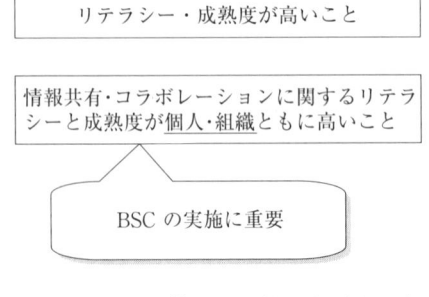

```
┌─────────────────────────┐
│  リテラシー・成熟度が高いこと  │
└─────────────────────────┘
┌─────────────────────────────────┐
│ 情報共有・コラボレーションに関するリテラ │
│ シーと成熟度が個人・組織ともに高いこと    │
└─────────────────────────────────┘
        ┌─────────────────┐
        │  BSCの実施に重要   │
        └─────────────────┘
```

図2.17 BSC導入に必要なこと（その2）

BSCでは，戦略マップに代表されるように，学習と成長の視点から財務の視点まで，および各4つの視点内の個々の戦略テーマの間で，それぞれが相関（依存関係）を持っていることを理解したうえで経営を進めるという方法である。したがって，社内外の情報共有や，共同作業に関して社員（組織員）・組織ともに成熟していないと，自己の成果のみに集中する実務行動に走って全体のバランスが保てなくなることもあり得るのである。

ここでは，消極的な待ちの姿勢が大切であると力説しているのではない。各自が，組織全体の中での自己の役割と他との関係を十分理解して，協力するべきところは協力し，自己責任でどんどん進めるところは進めることを述べたの

2.8 BSC 導入に必要なこと

である。

以下事例ベースで説明してみよう。

例えば，図 2.18 の営業状況管理（SFA）を考えてみると，必ずしも数値データだけではない非定型的な顧客クレーム内容，問合せ内容などの現状のデータが必要になる。数値データに比べると非定型的データから問題の解決をするには，利用する人間の能力に依存してしまい，社内での情報共有ができているだけでなく，人間の問題解決能力が求められるのである。したがって，組織だけでなく個人の成熟度が高いことが必要である。

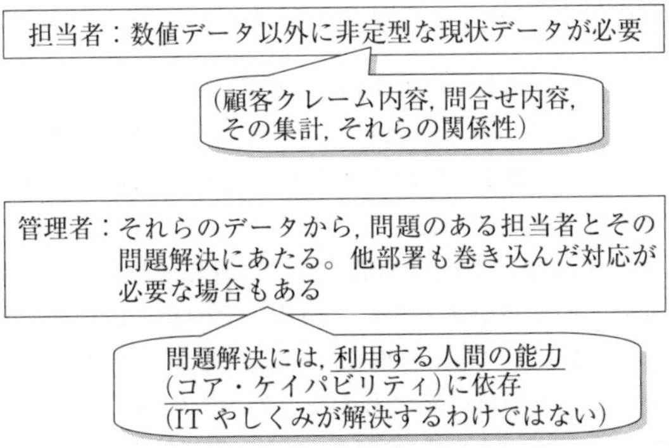

担当者：数値データ以外に非定型な現状データが必要
（顧客クレーム内容，問合せ内容，その集計，それらの関係性）

管理者：それらのデータから，問題のある担当者とその問題解決にあたる。他部署も巻き込んだ対応が必要な場合もある

問題解決には，利用する人間の能力（コア・ケイパビリティ）に依存
（IT やしくみが解決するわけではない）

図 2.18 営業状況管理（SFA）の例

BSC の導入には，経営者のリテラシーが高くなければならない。なぜならば，組織内のリソースは無尽蔵に利用できるわけではなく，ある限度の中で効果的に活用しなければならないからである。

このとき，経営者のリテラシーが低いと，リソースを問題解決に逐次投入したり，解決すべき問題ではない問題にリソースを充当してリソースの効果的な活用がなされない場合が出てくる。

したがって，経営者としては，表 2.2 に示すように十分なリテラシーを持つとともに，BSC との関係を把握していなければならない。

組織・個人（担当者）・経営者が，それぞれに要求されるリテラシーの高さ

表 2.2 理由 BSC との関係

経営者のリテラシー		BSC との関係
リソースの戦略的活用	経営戦略に直結したシステム構築	バランススコアカードは経営戦略に直結
社内情報の経営への活用	経営情報，売上情報などの計数情報把握	バランススコアカードのKPI，KGI として集計，把握
	営業レポート，顧客対応履歴など，現場の状況把握	

経営手法の変移日本 ― まず生産現場から（カイゼン/カンバン/JIT, TQC）―

まず，生産現場から。日本の経営手法は，民間企業では生産現場の品質改善そして大量生産によるコスト低下へと進んでいった。歴史的な推移を少々調べてみたが，筆者らの浅学で知る限りのことなので，誤りがあれば読者が追記して読者のノートを作成して欲しい。

日本国内では，1924 年に豊田自動織機が，自動停止機能を持つ自動織機の考案をしたのが初めての生産改善とされている。その後，1936 年には，トヨタ自動車において，「必要なものを，必要なときに，必要なだけ」という，"Just in time"の原型を実施している。特に有名な大野耐一氏の「トヨタ生産方式」は，1942 年に"徹底した無駄の排除"を目的に導入され，カンバン方式やカイゼンが欧米で広まっていく土壌ができつつあったように思われる。

1960 年ごろに **QC** 活動が一般に広まり，1970 ～ 1980 年代にかけて，デミング賞で代表される品質の日本 = 生産工場としての日本が確立されていった。しかし，日本企業は QC を **TQC** に拡張して，収益の頭打ちを突破しようとしたが，生産技術とコストダウンに頼った経営によって，1990 年代後半経済は沈降した。

さて，日本型経営は，基本構造としてボトムアップの体質を持ち，少数の企業を除き，トップダウンで経営者主導を前面に押し出した経営を行う企業は少なく，欧米に比べて公開されたのち，他社の経営に影響を与えるような目立った経営手法の創設は，生産改善以外に見られない。

しかし，PDCA サイクルと QC 活動などに見られる社員の自主的なコミュニケーションが効果的に働いてきた。野中郁次郎氏らの研究成果により，ミドルボトムアップなどの日本企業の特徴的な"経営"方法が海外から先に評価されて，のちに国内で訳本により紹介された。

を十分満足していないと，BSCの導入は難しく，また業績評価のしくみを有することが重要である。

BSCのフォーマットを見ると，評価指標・先行指標などが提示されているが，これは単なるお題目ではない。

ほとんどの評価指標が定量値で評価可能に設定され，そこには曖昧さを極力排除して，実施成果が目標に達したのか，未達なのかが客観的に判断可能な指標として設定されることが要求されている。

したがって，BSCを導入する組織（企業）では，年功序列でなく，明確な業績評価指標のしくみがあって（図2.19），かつ組織的にもIT・機械的にも存在する必要がある。

業績評価のしくみがあること

単なる年功序列でなく，明確な業績評価のしくみが，組織的にも機械(IT)的にも存在しなければならない

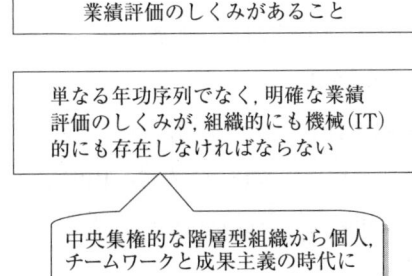

中央集権的な階層型組織から個人，チームワークと成果主義の時代に

図2.19 BSC導入に必要なこと（その3）

2.9 構築手順 ― アプローチの方法 ―

BSCの導入方法にはいくつかのタイプがあるが，大別して以下の2つのいずれかの方法を採用するとよいだろう。

① 第一世代のBSC導入から始める

ノートンとキャプランが提唱しているように，業績評価制度や，事業目標・評価指標の制度が確立していない企業においては，業績評価制度と目標を主とする第一世代のBSCの導入から始めて，つぎに振り返りとPDCAサイクルに課題解決を取り入れた第二世代に進み，組織変革のフレームワークとして第三

世代を導入する，というように，BSCの進化どおりに組織に導入していく方法である。

しかし，この方法は，実行部門（担当）レベルの評価指標や目標を設定しやすい反面，組織個々，または担当者の実行容易な項目が選択されて，組織全体の変革を要求する統合的な戦略の構築が難しいという問題がある。こちらの方法については，4.11節を参照されたい。戦略がすでにできていて，業績評価を厳密に行いたいという場合には適当であろう。

② 第三世代のBSC導入から始める

業績評価制度などは確立しているが，戦略構築や組織変革に課題を持つ組織においては，はじめに第三世代の戦略マップを作成し，評価指標や目標の合致性の繰り返し整合をとって改良していく方法が有効であろう。こちらの方法は，全社戦略の統一が図れ，目的と目標が明確になり，4つの視点間の関係に矛盾のない戦略構築が可能である。

しかし，統合的な戦略を作りやすい反面，適当なKGIやKPIを選定する際に，下部組織（実務担当部門）の業務（または心因的な負荷）との整合が難しく，繰り返し見直し作業が必要になって，①の方法よりも時間がかかることがある。

どちらの方法を採択して進めるかは，対象組織の成熟度と経営者の判断に委ねられる。

2.10 イテレーションアプローチによるBSC作成
― 戦略マップから始めるBSC構築アプローチ ―

経営戦略は，つねに外的環境や社内環境の変化によって，改善される繰り返し型（iteration，以下イテレーションと記述）で行う必要があると考えている（KGI/KPIからスタートする場合でも同様である）。

つまり，ある時点での経営戦略策定経過途中で必要があれば，実施されて結果が得られると，目的を達成するために修正必要項目が発生し，もとの戦略をベースにしながら，変革を継続して行うものであると考える。

2.10 イテレーションアプローチによるBSC作成

したがって，ある期間（例えば1年間）のBSC作成工程において，戦略目標や評価指標を設定する際には，策定フェーズにおける小さな繰り返し作業による戦略の精度向上を目指すとともに，継続的（中長期3～10年）経営戦略策定においても，市場や事業の変化を吸収して事業運営の継続性を維持するために繰り返し的に戦略の改善を行うのである。

繰り返し法でBSCの改編を行う場合には，作業工程としては最初のBSC策定工程と変わらないが，すべてリセットされた状況で行うものではない。通常，市場（顧客）動向変化や自社の変化によって現れる追加事項や修正事項に関して改訂をする。ただし，マンネリ化は避けなければならない。すべての変化に対して感度を高くしておく必要がある。

図2.20では，経営が継続的に行われて，市場や自社（自己の組織）の変化に伴って経営戦略の改編を行う際の繰り返しについて示しているが，初版の作成に関しても同様な手続きを行うことで，より正確な「仮説」の構築が可能になるのである。

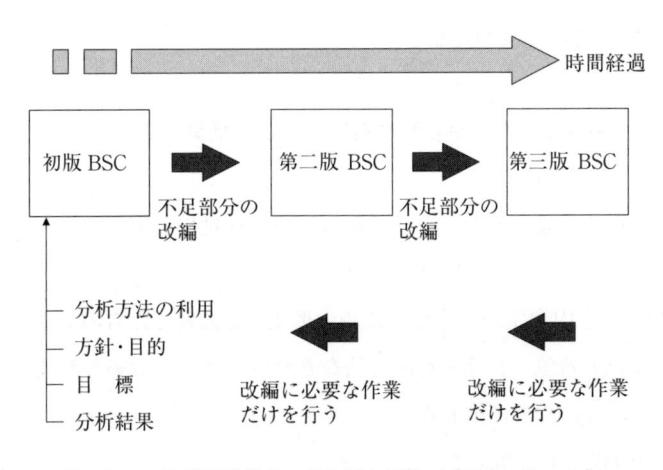

図2.20 経営戦略策定の繰り返し活動（イテレーション）

初めて BSC を作成する場合では，**図 2.21** のように，作成の各工程での繰り返しを行って正式発行版を作り上げていくのである。

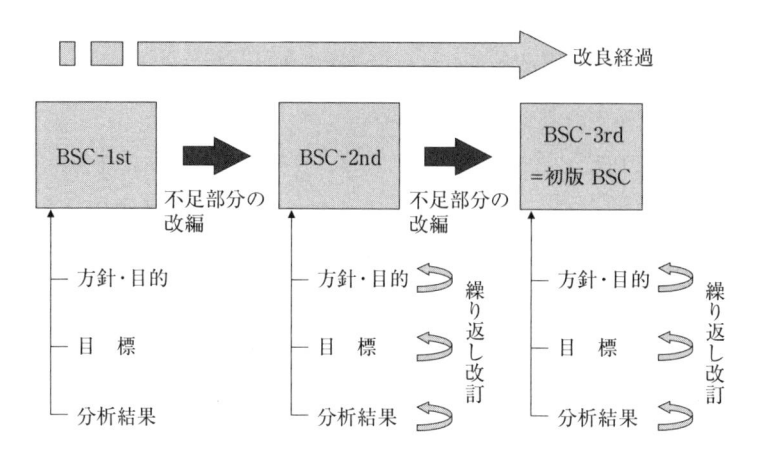

図 2.21 初版策定の繰り返し活動（イテレーション）

本節では，事業目的と方針をもとにして，BSC の構築を戦略マップから進めていく方法を提示する。この構築方法では，戦略策定で用いるフレームワークは，図 2.20 の方法と変わらない。

2.10.1　Step1：要素から簡略戦略マップを構築する

1) 要素を挙げる

まず事業目的（設立方針）や目標から，項目を抽出してリストに挙げることから始める。ここで再度，図 2.3 を見てみよう。

図 2.3 は，「学内食堂がもうかるための要素」を羅列したものである。この要素は，不具合・希望・目標・対応方法などがランダムに記述されているが，最初の段階ではこの程度で構わない。

2) 4 つの視点で分類する

つぎに，これらの要素を 4 つの視点で分類して不足事項を追加し，図 2.4 を作成する。

3) 戦略マップにする

そして，各要素間のつながりがあると思われるところに線引きを行いマップ化すると戦略マップ図2.5が得られる。

2.10.2 Step 2：戦略マップを精査する

戦略マップの簡易版が構成され，4つの視点の分類において学習と成長の項目が抜けていることが明らかになった。また，財務の項目に関しては，表現が財務の項目を直接表現していないときには表現を変えて理解しやすくする。必要な要素を追加することも行う。

つぎに，汎用戦略マップを用いて，前項で挙げた図2.5の抜けや不足部分を考察する。この事例で**図2.22**を作成して見直すと，学習と成長の視点での目

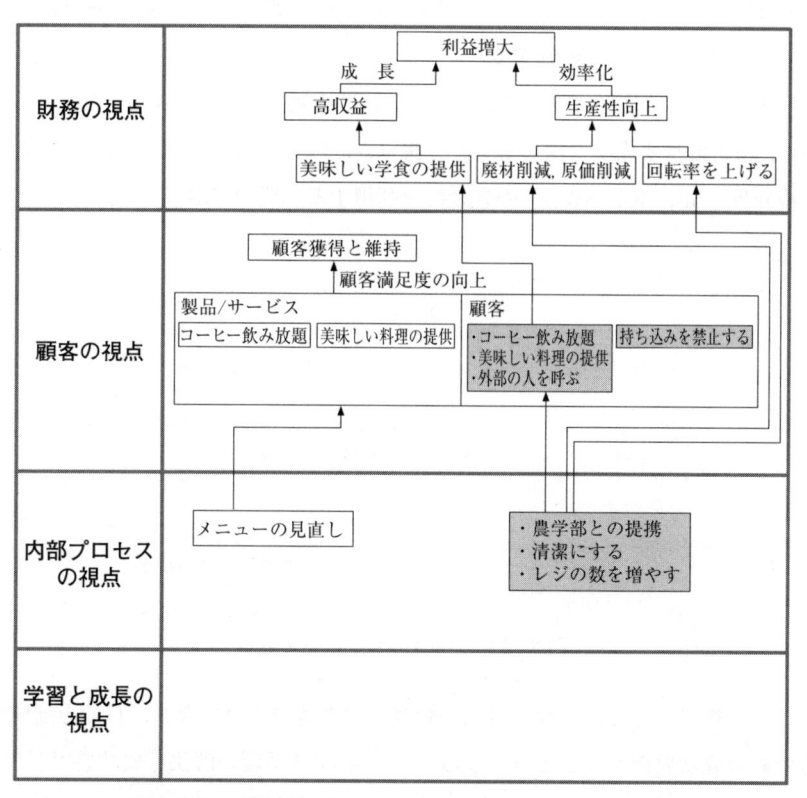

図2.22 学内食堂の4つの視点の整理（汎用マップ利用）

的・目標，財務の視点における新規収益獲得，顧客の視点における時間・機能の提供，ブランドに関して考慮が必要であることがわかる。

フレームワークのひな型を参考にすると，その企業（組織）の事業形態（目的・目標）によって，顧客と内部プロセスに関係があるために，どのような事業展開をしていくか決めておく必要がある。目的に付随する目標（値）も，可能な限り指標として追記する。

学習と成長の視点は，このままでは作成できない。内部プロセスとして必要な項目を実現するために，組織内で何を学習して成長していく必要があるのか，現状の課題整理が必要であると思われる。

2.10.3　Step 3：課題と CSF を分析結果から導き目的・目標の妥当性を評価する

汎用マップに記述された戦略マップ図 2.22 の精度（仮説の確度）を高めるために，課題と重要成功要因を導く。分析は，4.4〜4.7 節で詳細説明するマクロ環境分析，5F，3C，SWOT の各分析を利用する（**図 2.23**）。

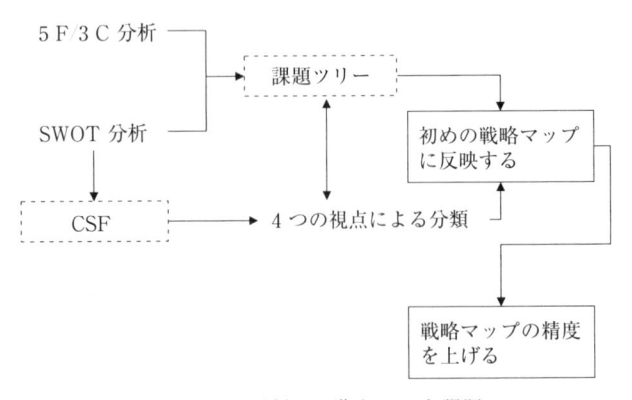

図 2.23　分析から導く CSF と課題

この分析によって，自社（自己の組織）の課題が明確になり，目的を達成するための成功要因が浮き彫りになる。なぜなら，「課題の解決＝成功要因」であり，成功要因の中でも欠かせない重要な項目を**重要成功要因**と考えることがで

きるからである。この工程を，最初の戦略マップに反映して，戦略マップの各要素（目的）の精度を上げる。

2.10.4　Step4：業績評価指標（KGI/KPI）を決めて，4つの視点それぞれの目的とKPIが連携しているか評価する

Step 3で戦略マップの精度を上げたのち，個々の目的（要素）の評価指標（KGI）と，その先行指標（KPI）を決める。KPIの進捗によって，KGIが達成できることが前提である。先行指標の積み上げで，KGIが達成可能になっていることが必要である。

図2.24に示すように，「KPI ⇒ 戦略目的」の順で，戦略目的の各項目や実施項目，評価（モニタリング）指標の間に矛盾なく詳細化されていることを確認する。矛盾がなければ，つぎのStep 5に進む。矛盾がある場合には，目標と指標の妥当性を見直す。

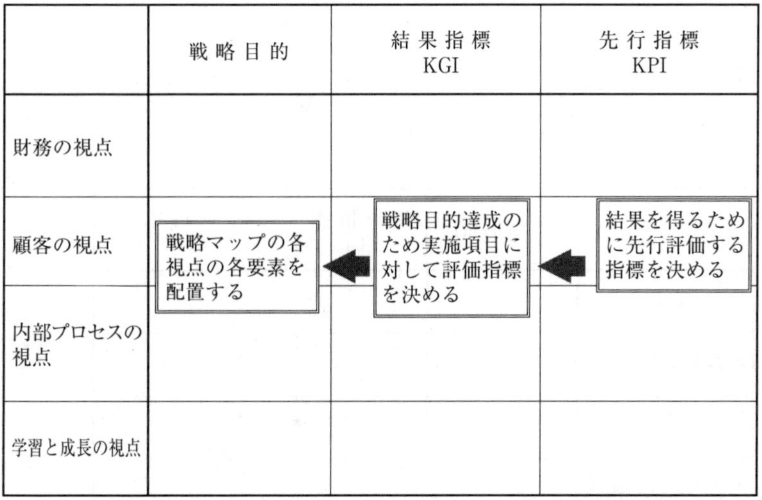

	戦略目的	結果指標 KGI	先行指標 KPI
財務の視点			
顧客の視点	戦略マップの各視点の各要素を配置する	戦略目的達成のため実施項目に対して評価指標を決める	結果を得るために先行評価する指標を決める
内部プロセスの視点			
学習と成長の視点			

図2.24　4つの視点の業績指標（KGI，KPI）を決める

2.10.5　Step5：重点実施項目を決めて，BSC全体の見直しをする

Step 4でKGIとKPIを決め，KGIを得るためのKPIの妥当性についての検討は終了した。KGIを得るための重点実施項目を決める。このときには，KPIで実施進捗を見ることが可能で，かつ重点実施項目の継続によって，KGIに到達可能かを吟味する。

ここまでの工程で，BSCフォーマットは埋まった。「戦略目的⇒KPI」の順で，戦略目的の各項目や実施項目，評価（モニタリング）指標の間に矛盾なく詳細化されていることを確認する。そして，「KPI⇒戦略目的」の順で，下位項目の積み上げで戦略目的に到達可能かシミュレートして机上で妥当性を検証する。この段階で各項目の関連に矛盾があるときには，Step2で適切な要素を精査して抽出しているか，追加・修正は必要ないかなど，さかのぼって目的と目標の設定に誤りがないか，指標が妥当か，実施項目を実施することでgoal（KGI）に到達可能かを検討していく（図 2.25）。

	戦略目的	結果指標 KGI	先行指標 KPI
財務の視点			
顧客の視点			
内部プロセスの視点			
学習と成長の視点			

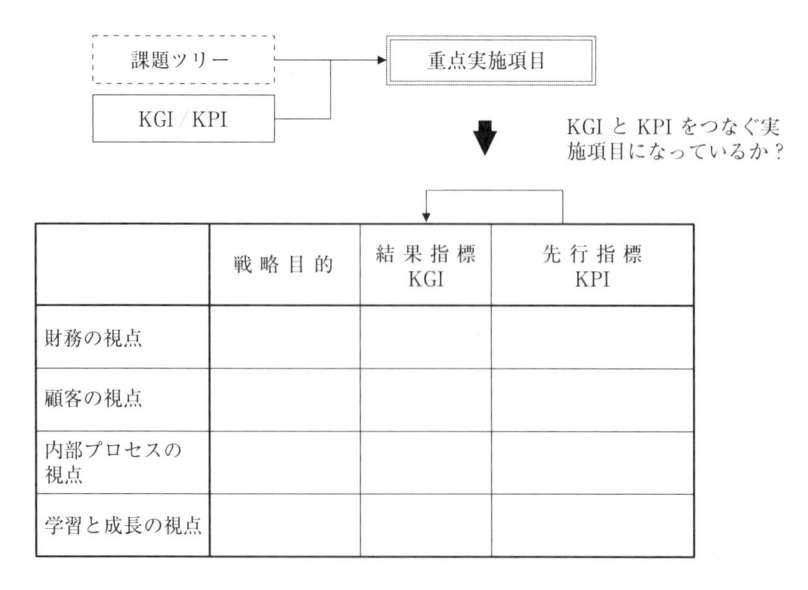

図 2.25　重点実施項目の決定と妥当性検証

2.10 イテレーションアプローチによるBSC作成

初版のリリースまでの繰り返し作業（1st ⇒ 2nd ⇒ 3rd…）で2度目以降は，要素を挙げて簡易戦略マップを作成する工程は省いてもよい。また，分析や課題出し，CSFについても必要事項だけの見直しだけで簡素化できる。しかし，何らかの実施経過が経ったあとでは，改善されている場合もあるし，また悪化する場合もある。それは，自社内の変化の場合もあれば，外部環境の変化の場合もあることを注意して欲しい。

BSC導入と理解のためのライトアプローチ

日本におけるBSC導入には
「全社レベルでなければならない」
「個人の業績評価指標だけではならない」
などの「ならない」とされる作法事項が多く，そのアプローチがBSCであるかどうかの議論が優先されてしまうことが多い。加えて，全社的な導入には組織的な成熟度の問題が多く，BSCの導入以前に組織の成熟度向上が課題となってしまう。もしも成熟度を高めないままにBSCの導入を実施したとしても，その効果が得られず，BSCそのものが否定されるという事態も起こり得る。このため，ここで示す現場主導のボトムアップ的な理解と導入方法を，「BSC導入のライトアプローチ」と表現する。

Step1：まずは目標管理をKPIとKGIで行う

企業では各種の目標管理が行われている。しかし，その多くは単純な目標数値（例えば，売上げの10％アップ，受注件数5％アップ）でしかなく，具体的な方法も，その数値の根拠さえもが明確ではないことが多い。もしくは目標設定時には定量的な数値をチェックされるが，その管理は思いついた時点での報告（それも数値のみ）か，最悪の場合は期限になってからの結果的な報告であることも多い。

まず，第一ステップとして，既存の目標管理のしくみを，CSF, KPI, KGI を使って行う進捗管理として実践してみよう。

Step2：BSC の 4 つの視点で考えてみる

目標管理において，それぞれの目標の CSF, KPI, KGI を利用して管理することができるようになれば，つぎのステップとして，その目標を BSC の 4 つの視点で考えてみる。

Step3：それらの項目の関係をつないでみる（戦略マップの作成）

4 つの視点で考えて出てきた実施項目を，それぞれの関係性からつないでみる。じつは，BSC を導入しているといわれる企業の多くは，その 70 ％近くが Step 1 で終わっている。4 つの視点で考えながらも，それぞれの関係性がバラバラで，まったくつながっていないことが多いのである。BSC は，4 つの視点がそれぞれの関係を持ってつながれた戦略マップとなってこそ意味がある。Step 2 の受注達成を戦略マップ化するとともに，それぞれの視点の KPI, KGI を一覧表（BSC フォーマット）として作成する。

BSC の CSF 数に決まりはないが，全体として 8 〜 16 で十分との意見もある。じつは，心配性の人ほど CSF や KPI, KGI を作りたがる傾向にあり，多く作り過ぎた結果，その運用で失敗することにもつながる。

親が子供にある目的地（KGI）まで一人旅をさせるとき，何度も電話で位置を確認（KPI）するのは，その対象が子供（未成熟）だからである。

また，「どの視点から考えるべきか？」も特別に決まってはいないが，通常は顧客の視点から入ることが考えやすく，そのように進める企業が多いようだ。

Step4：ナレッジマネジメント

これまでに作成した戦略マップは，そのプロジェクトに関するメンバーが全員で認識を共有する。

また，同じような受注達成を目標とする同様のプロジェクトにおいては，戦略策定時に既存の戦略を参考とするだけではなく，その目標達成までの過程すべてをナレッジとして共有することができる。これは成功体験の共有によるナレッジマネジメントである。

さらに，目標達成までの過程で問題が見つかれば，改善方法として上司からのコーチングを行う。

3 BSC作成事例
― お好み焼き屋 in 北大祭 ―

3.1 はじめに

　本章では，実際にBSCの構築事例を紹介する。学生層および卒業後数年程度の技術者を読者と想定し，身近な事例として，北海道大学祭（以降，北大祭と略記）でお好み焼きの店を出店することを想定した。事例作成参加者は，過去に北大祭に参加した経験を有し，次年度の北大祭に出店する希望を持っている。また，北大祭に来場する多くの人にお好み焼きを買ってもらい，売上げ・利益を確保して商売として成功するために戦略立案を行った。

　本事例の作成参加者は，大学院生N君，学部4年生MR君，MK君，I君の4名と筆者Tである。筆者はBSC作成経験を生かして，BSC作成参加者のナビゲーターとして機能することを目標とした。

　参加者には，事前に第三世代のBSCを構築するために，戦略策定のひな型を配布した。筆者は，討議の過程で必ず戦略マップに立ち返り，戦略目的がぶれないように，参加者の意識を戦略マップに集中するように注意した。構築する際の状況を知ってもらうために，本章はストーリー風に示すことにした。

6月11日（金）　11：52　札幌駅前

　今日も札幌の駅前は人が多い。観光客なのか，札幌市民なのか，最近は服装を見ていてもわからなくなってきた。空は晴れわたり，久しぶりに汗ばむほどだ。大学へ向かいながら，ちょうど1週間前の打合せを思い出していた。

3. BSC 作成事例 — お好み焼き屋 in 北大祭 —

　技術者や技術者を目指す学生のための，戦略策定の方法に関する教科書を出版するために，共同で原稿を作成してきた。そろそろ脱稿しなければならない時期がきて，共著者の打合せが3箇月ぶりに行われた。事前に，学生数名に試読した感想をもらっていた。試読してくれた学生たちは，内容が複雑で難しいという。
「内容がTさんにしかわからなくなっているのじゃないですか？」
共著者のコンサルタントをしているMさんが感想を話された。

　内容を思い出して考えると，事例として取り上げた企業の戦略書は，完成までに半年間支援して，その間に4回ほどの修正をして完成させたものを使っている。しかし，作成工程を紹介するために，詳細に説明を追加しているはずであるが……。
「皆さん，読んでいただいてどこがわかりずらかったでしょうか」
同席してくれた学生に尋ねる。
「会社の状況がわからないため，事業と戦略の関係が理解できません」
という意見だ。なるほど，そうかもしれない。

　しかし，会社の業務や事業の構造を知らないからなのか。あるいは，戦略策定や分析について，具体的な知識や経験がないからではないのか。
「これまでの章の事例でたびたび使ってきた，北大祭でお好み焼き屋を出店することを事例に使ったらどうですか。身近な題材を使うと，学生にも理解しやすいと思いますよ」
とMさんが提案する。さらに
「Tさん，本を書くときには，同じ題材を使ってまとめていくというのも一般的な方法ですよ。学生に手伝ってもらってよいから，やってみてはどうかな？」
と，O先生も乗り気な様子だ。

　題材が学生の身近な問題になったとしても，簡単に作成できるという自信はない。しかし，現状のままではせっかく出版しても理解してもらうという目的から外れ，自己満足で終わってしまうかもしれない。試してみる価値はある。企業を事例にして，事業の詳細を戦略から計画・立案していくのは，企業経験

のない学生に敷居が高いのは間違いない.
「じゃあ,トライしてみますか！」

このような経緯で,学生たちと一緒に分析から戦略策定までの BSC を作ることになった.

大学の喫煙室で煙草に火をつけ,ディスカッションの工程計画（図 3.1）を思い浮かべながら,もう一度ナビゲーションの予定を復習する.できるだけ学生自身に北大祭の状況を引き出してもらい,事実を出し尽くして分類することを考えてもらわなければならない.

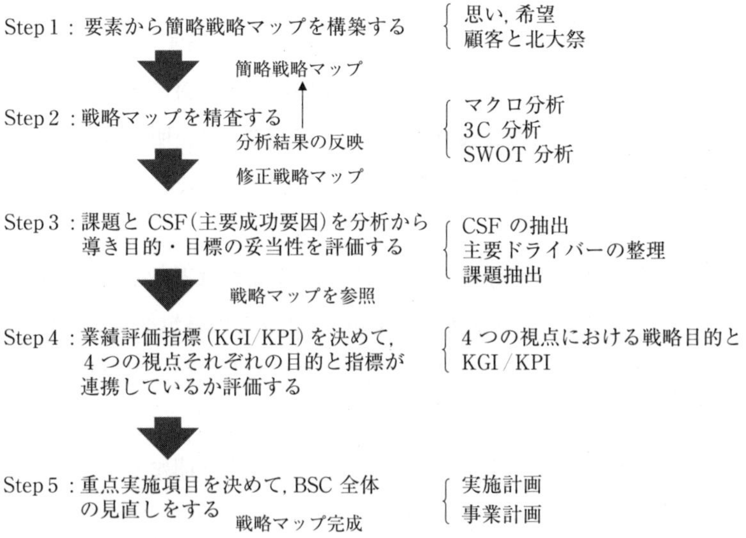

Step 1：要素から簡略戦略マップを構築する　　｛思い,希望
　　　　　　　　　　　　　　　　　　　　　　　顧客と北大祭
　　　　　↓簡略戦略マップ

Step 2：戦略マップを精査する　　　｛マクロ分析
　　　　　分析結果の反映　　　　　　3C 分析
　　　　　↓修正戦略マップ　　　　　SWOT 分析

Step 3：課題と CSF（主要成功要因）を分析から　｛CSF の抽出
　　　　導き目的・目標の妥当性を評価する　　　　主要ドライバーの整理
　　　　　　　　　　　　　　　　　　　　　　　　課題抽出
　　　　　↓戦略マップを参照

Step 4：業績評価指標（KGI/KPI）を決めて,　　｛4 つの視点における戦略目的と
　　　　4 つの視点それぞれの目的と指標が　　　　KGI/KPI
　　　　連携しているか評価する
　　　　　↓

Step 5：重点実施項目を決めて,BSC 全体　　　　｛実施計画
　　　　の見直しをする　　　　　　　　　　　　　事業計画
　　　　　　　戦略マップ完成

図 3.1　お好み焼き出店 BSC 作成プロジェクトの進行シナリオ

発言が一人だけに集中しないように,不明事項が出てきたときには,必ず全員に尋ねよう.フリーディスカッションの形式で進めるときには,意見が一人に偏るような状況は好ましくないので,注意しなければならない.各種の分析手法で抽出される項目が,ほかの分析手法の要素として使えることを理解してもらい,戦略策定の工程の様子を楽しんでもらうことだ.

煙草の火を消しエレベーターに向かった.

12：37　研究室のゼミ室で

「始める前に確認します。月曜に，皆さんに戦略策定のテンプレートとして分析ツールや戦略マップのフォーマットなどの資料を送りましたので，見ていただいたと思います。始める前に，お願いがあります。一人が2回発言したら，必ずほかの人たちも，1回は意見を言うようにしてください」
皆うなずいている。必要性は理解しているようだ。
「Nさんは，BSCの勉強を昨年されていますから，データの整理を受け持ってください」
修士の学生N君に，出てくる意見をフレームワークに記述することを依頼する。ほかの3人の様子はどうだろう。落ち着いているのか，斜に構えているのか，いまだわからない。会社の会議の場合でも，最初に十分説明しても，活発な討議になることは少ない。様子を見ながら発言を引き出すことに注意しなければ……。
「さて，通常，外部環境を分析するためには，企業では市場や経済動向を調べます。しかし，今回は対象が北大祭ですから，皆さんの感想や観察を使います。その前に，皆さんの北大祭への出店に対する思いや北大祭に出店している店に対する不満を挙げてみましょうか」
　　まず，外部環境のもとになる要素を抽出することから開始する。
「清潔感がないです」
「待たされる」
「接客態度がなれなれしい」
と不満がいくつか出てきた。
「今日来るときに観察したところ，皆同じような店の作りでしたが？」
と尋ねてみる。
「個性的な店づくりが必要だと思います」
「ショータイムなどで楽しめるもの」
と意見が出てきた。

3.1 はじめに

「価格はどうですか。出店している店の看板を見ていると300円とか400円とか表示されていましたが」
自分の感想をぶつけてみる。
「昼間は高校生が多いし，300円以下じゃないと」
「雰囲気で買ってしまうのですね」
と学生自らが顧客の一端をとらえる様子が出てきた（図3.2）。

```
不満点                    理想のお店
 ・清潔感がない             ・楽しめるもの：ショータイム
 ・待たされる              制 約
 ・接客態度がなれなれしい     ・露店(お好み焼き屋)
 ・価格が高い              ・場所が選べない
```

図3.2　北大祭に関する思い・出店に対する考えなど（その1）

　不満と制約条件が出てきた。もう少し自分たちの思いを引き出す必要がある。
「この不満を解消する理想のお店とはどういうものか考えてみましょうか」
問題の解決と差別化要素を抽出することに話を向ける。
「両手がふさがる」
「食べやすいこと」
とつぎつぎに意見が出てくる。
「出店に関する立地条件，つまり，来場者の流れによって売上げが変化するのであれば，自分たちに有利になる方法を見つけることも重要になりますが」自分たちに有利な環境を用意することについて考えてもらうことにする。
「出店場所は抽選ですから選択権はありません」
と学生から状況が説明された。
「では，来場者の流れは？」
マーケティングでよく調査する典型的な調査方法であるが，北大祭でも有効だろう。

76　3. BSC 作成事例 ― お好み焼き屋 in 北大祭 ―

「工学部の前がメインです」

なるほど，来場者の偏在が北大祭でも発生するのか。

「再度，来場者について考えてみましょうか。昼間は高校生が多いということですね。では，開催期間と開店時間は？　お客さんの構成は？　曜日でも変わるのでは？」

期間と顧客層を聞いてみる。

「土日を含んで4日間です」

「昼は学生。夜は会社員，もしかしたらOBかも」

と期間の制約と時間帯によって客層が変化することがわかった。

　ここまでの意見をまとめると，思いや不満・北大祭出店の制約が，図 3.3 にまとめられた。参加者は皆，積極的に意見を出している。そろそろ分析に入っても大丈夫なようだ。

「それでは，市場，需要（顧客）サイド，競争サイドに整理して**マクロ環境分**

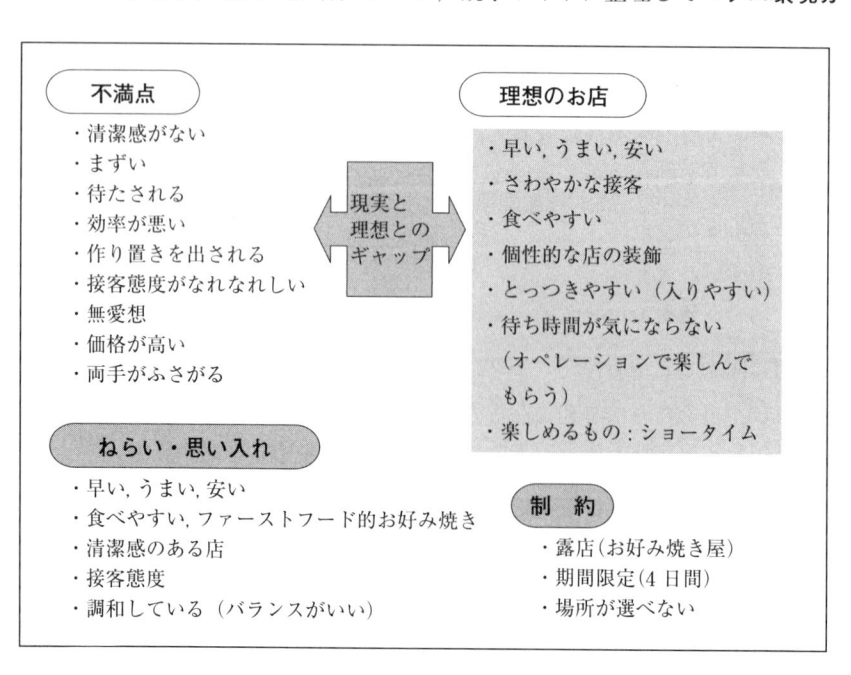

```
┌─────────────────────────────────────────────────────┐
│  ( 不満点 )                ( 理想のお店 )            │
│  ・清潔感がない            ・早い,うまい,安い        │
│  ・まずい                  ・さわやかな接客          │
│  ・待たされる      ┌──────┐ ・食べやすい            │
│  ・効率が悪い      │現実と│ ・個性的な店の装飾      │
│  ・作り置きを出される│理想との│ ・とっつきやすい（入りやすい）│
│  ・接客態度がなれなれしい│ギャップ│ ・待ち時間が気にならない │
│  ・無愛想          └──────┘   （オペレーションで楽しんで │
│  ・価格が高い                    もらう）           │
│  ・両手がふさがる          ・楽しめるもの：ショータイム │
│                                                     │
│  ( ねらい・思い入れ )                               │
│  ・早い,うまい,安い        ( 制　約 )               │
│  ・食べやすい，ファーストフード的お好み焼き         │
│  ・清潔感のある店          ・露店（お好み焼き屋）    │
│  ・接客態度                ・期間限定(4日間)         │
│  ・調和している（バランスがいい）・場所が選べない    │
└─────────────────────────────────────────────────────┘
```

図 3.3　北大祭に関する思い・出店に対する考えなど（その2）

3.1 はじめに

析につなげましょう」

　先に挙げた項目を環境分析のフレームに展開してもらう。

「食べ物屋が主流ですね」

「盛り上がりは変わりないです」

「飲み物は売上利益が大きい」

「昨年は，YOSAKOIと同じ時期で人出が多かった」

「広島県人会のお好み焼きは，いつも人が並ぶのですよ」

なるほど，結構詳細に観察しているようだ。これなら事前にマーケティングの方法を連絡しておけばよかった。

　まとめた結果の**表3.1**を全員で確認する。市場（北大祭の状況）や競合，顧客（来場者）および曜日・時間帯による顧客層の変化が導けたようだ。これらの結果から，集客性，価格，開催時期について特徴が見い出された（ファイン

表3.1　マクロ環境分析（観察事項）

市場（北大祭，露店）状況 　・出店の数が減少 　・北大祭の盛り上がりはここ数年変わらない 　・食べ物屋が主流 　・YOSAKOIと時期がかぶることがある（かぶるとよい） 　・屋台の運営は学生（1年生）主体
曜日・時間帯ごとに集まる人が変化（平日：学生，土日：学生＋一般〔札幌市民〕） 　木曜　10:00～24:00　　夕方：学　生 　金曜　10:00～24:00　　夕方：学　生 　土曜　10:00～24:00　　昼間：一般客 　日曜　10:00～12:00　　昼間：一般客

需要（顧客）サイド	競争サイド
・参加しない学生がいる ・高校生の来場が多い ・夜にお酒を飲みに来るサラリーマン（OB?）がいる	・お好み焼き専門店（広島県人会）がある ・調理能力（焼きそばを含むお好み焼きを作るのは難しい） ・外国人留学生屋台 ・ZIMA（チューハイのような飲みやすいお酒）

ファインディング 　・集客力はブランド（広島県人会）が強い 　・学生を対象にした価格設定が必要（300円以上は高く感じる） 　・他のイベント（例　YOSAKOI，SORANなど）と日程をかぶせる

ディング)。

「それでは一度,戦略マップに展開してみましょう。今回用いる戦略マップは,成功要因のパターンが提示されていますから,合致しそうなところに入れてみましょう」

戦略策定の工程に入ってきた。うまく導入できるか不安で心拍数が上がってくるのがわかる。

「この顧客設定だと,オペレーションで差別化することになりますね」

差別化要因は作業工程に特化されそうだ。継続して出店している競合(広島県人会,留学生会)に対して不利を感じる。参加者も同じ感想を持っているようだ(**図3.4**)。

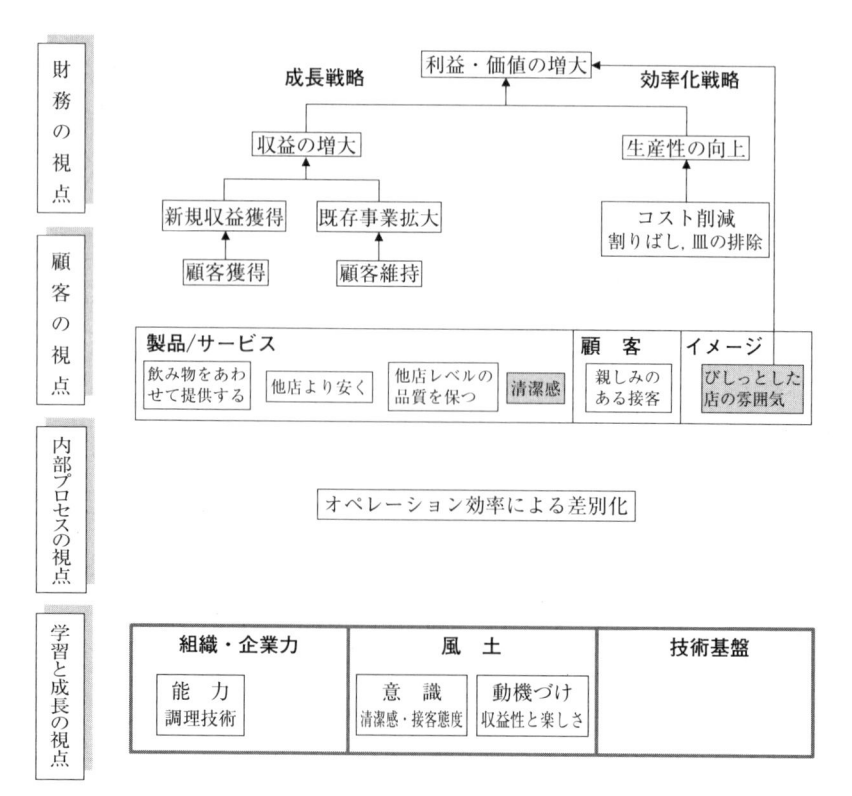

図3.4 戦略マップ(簡略版)

3.1.1 まとめ Step 1：要素から簡易戦略マップを構築する

〔1〕**要素を挙げる**　まず，出店に対する目的や目標を挙げて，項目を抽出する．図3.3では，現状の北大祭で出店している露店への不満，自分たちの思い，理想とするお店，制約など，あとに使用する項目を挙げた．

〔2〕**顧客の設定と競合者の整理**　つぎに，顧客と顧客の傾向および出店者の概要を挙げ，3C分析の対象になる顧客と競合の元データを出してマクロ分析を行い，表3.1を作成し不足事項はあとの3C分析で追加する．

〔3〕**戦略マップに落とす**　本事例では，参加者は，現在，北大祭に出店している種々の露店に対して自らが持っている不満や理想などから，オペレーションを中心にした戦略に落ち着いた．しかし，競合に対する優位性の確立に難があることが予想された．そして，現時点で顧客に何を提供するかを決め，提供する分類に対応する内部プロセスを選択して，必要な項目を記入し，内部プロセスに必要な学習などを埋めて，図3.4の戦略マップ（簡略版）を作成した．

この時点での戦略マップを見わたすと，全体的にお好み焼き露店という問題点を解決するために，清潔感や顧客に対する接客に着目している様子がわかる．
「皆さんは，北大祭に出店することをきっかけにして，どのようなことを期待していますか」

参加者全員いまの戦略に満足していない様子だ．細部にこだわりすぎた．もっと目的を明確にして，方向性がまとまるものを探さなければ……．
「お好み焼きに対する既成概念の打破です」
と一人が発言する．
「そのために何をしたら，何をお客さんに提供したらよいでしょうね」
顧客設定に思考を向けるよう働きかける．
「打破するようなアイディアはありませんか」
と尋ねると
「片手で持てるお好み焼きは？」
とアイディアが出てきた．

「それでは，革新的な製品を開発して顧客に提供する，という考えで，戦略マップを見直しましょう」
「必要なことを挙げてみましょうか。片手で持てるようにするには？」
製品に必要な要件を確認しよう。
「くるむ」
「ハンバーガーのように」
「クレープもそうだよね」
アイディアが具体的になってきた。
「片手で持てると，何が有利になりますか」
メリットを導きたい。
「食べるときに箸を使わなくても可能になります」
「パック用のオリが必要なくなります」
「飲み物も持てるようになります」
現状のお好み焼きは，焼きそばと同様，屋外で食べるには面倒な食品であることがわかってきた。
「メリットが出てきました。ここで，戦略マップを整理しましょう」
戦略マップの精査を促す。

3.1.2 まとめ　Step 2：戦略マップを精査する

　先に作成した戦略マップ（簡略版）を，フレームワークのひな型の各項目について評価し，不足している戦略目的を確認した。フレームワークのひな型には，対象顧客に提供する自社の"価値"によって，優先度の高い項目が推奨されている。内部プロセスは，顧客への価値提供と連携して，選択すべき優先項目の傾向がある。これらを考慮し，自社の製品/サービスが，どの顧客価値に該当するか判断する。

　今回は，お好み焼きを食べるという行為に内在している問題の解決を図ることで，革新製品のアイディアが出た。イノベーション戦略に再整理して，不足事項を追加し，図 3.5 を得た。

3.1 はじめに

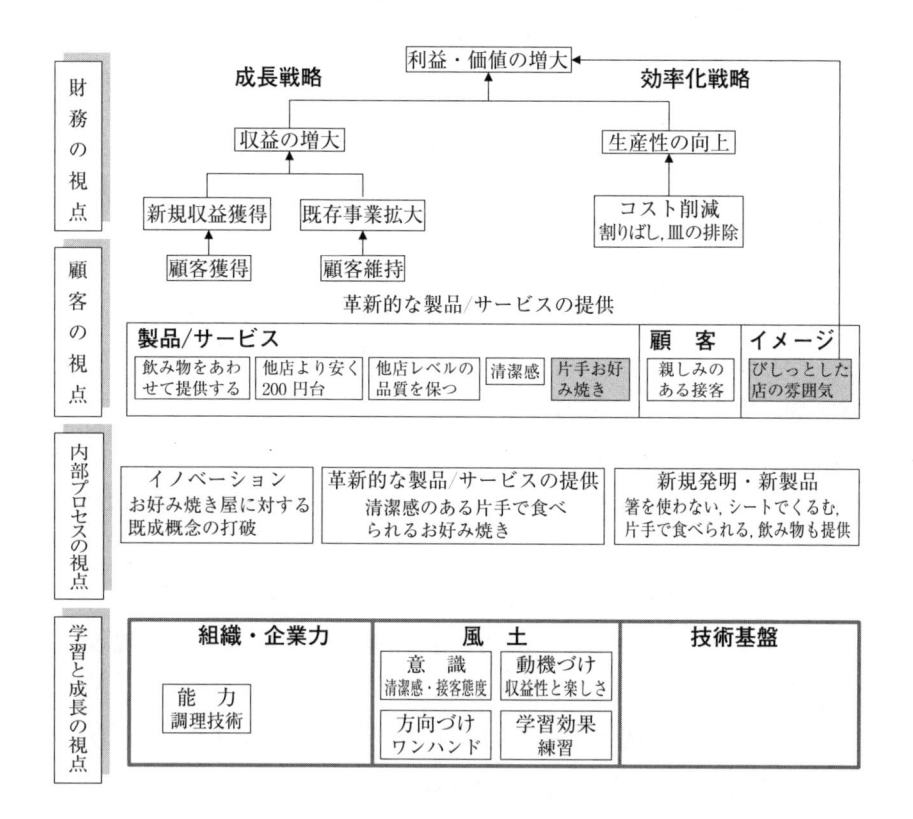

```
財務の視点
                    成長戦略     利益・価値の増大 ← 効率化戦略
                          ↑              ↑
                       収益の増大      生産性の向上
                       ↑     ↑           ↑
                   新規収益獲得 既存事業拡大  コスト削減
                                         割りばし、皿の排除
                     顧客獲得  顧客維持

顧客の視点
                   革新的な製品/サービスの提供
        | 製品/サービス                          | 顧客          | イメージ |
        | 飲み物をあわ | 他店より安く | 他店レベルの | 清潔感 | 片手お好 | 親しみの | びしっとした |
        | せて提供する | 200円台   | 品質を保つ   |      | み焼き  | ある接客 | 店の雰囲気   |

内部プロセスの視点
        | イノベーション         | 革新的な製品/サービス   | 新規発明・新製品          |
        | お好み焼き屋に対する    | 清潔感のある片手で食べ   | 箸を使わない,シートでくるむ, |
        | 既成概念の打破        | られるお好み焼き       | 片手で食べられる,飲み物も提供 |

学習と成長の視点
        | 組織・企業力 |      風 土       | 技術基盤 |
        |          | 意 識  | 動機づけ   |        |
        |  能 力    | 清潔感・接客態度 | 収益性と楽しさ |        |
        | 調理技術   | 方向づけ | 学習効果  |        |
        |          | ワンハンド | 練習    |        |
```

図 3.5 戦略マップ（精査）

ここまでの段階で，4つの視点を意識しながら戦略マップを作成した．構築された戦略マップを見て，「学習と成長 ⇒ 内部プロセス ⇒ 顧客 ⇒ 財務」までの流れを，戦略目的と戦略目的間の連携の確認によって精査した．不足事項はないか，戦略の方向として誤っていないか，構成要素としてあいまいなものは保留する，という判断をして，つぎの分析工程による戦略の精度アップのステップに入っていく．

「ねらいが明確になり，ターゲットも決まりました．つぎに，3C分析とSWOT分析を行い，見落としがないか精査する作業に入りましょう」

参加者に分析フェーズを意識してもらおう。
「顧客サイド，言い換えれば市場ですが，潜在顧客と事業機会についての検討が抜けていましたね。来場者には大学関係者，例えば先生とか職員が挙げられていませんね」
と話を向けると
「先生たちは，あんな不衛生なものなんて……。とおっしゃいます」
と返答がくる。
「では，清潔感は有効な訴求ポイントになりますね。それから機会は？」
さらに尋ねると
「飲み物，特にお酒の収益は高いです」
なるほど，単品では販売額も限定されるということだ。小売業とまったく一緒だ。自分たちの目標と強み・弱みなど，一連の項目を皆で検討し，**表3.2**がまとめられた。
「CSFを抽出するためには，クロスSWOTで分析すると効果的です」
つぎの作業工程に入ることにする。3C分析から転用できるところを埋めて，特に弱みと脅威に注意することを促す。
「競合は，継続して先輩から後輩に調理技術が伝達されています。われわれの商品戦略は悪くないとして，この点どう対応しますか」
ここを乗り切れば，主要な分析結果が得られる。正念場だ。
「マニュアルが必要ですね。調理の手順です」
なるほど，工程のばらつきや接客を一定の品質に保つのか。よいアイディアだ。
「レシピもいるね」
商品品質の安定化に効果があるだろう。チェーン店と同じ戦略だが効果は期待できる。
「清潔感という意見がありましたが，具体的な方法は？」
インフラの部分に注意が不足している。
「クロスなどで覆い，むき出しのテーブルをきれいに見せる方法がありますよ。それにテントも汚いですね。これは？」

表 3.2 3C 分析結果

分析対象（3C）		北大祭でのお好み焼き（露天）販売 清潔感がない，まずい，待たされる，効率が悪い， 接客態度が悪い，値段が高い
customer	1. 市場動向	・店の数が減少
	2. 顧客ニーズ	・早い，うまい，安い ・さわやかな接客 ・食べやすい(サイズ変更可)，個性的な店の装飾，とっつきやすい（入りやすい） ・待ち時間が気にならない（オペレーションで楽しんでもらう），楽しめるもの（ショータイム）
	3. 潜在顧客	・一般の人，参加しない学生 ・教職員
	4. 事業機会	・ほかのイベントと時期がかぶる ・酒(酒, 缶チューハイ, カクテル)の収益率が高い
competitor	1. 勝ち組と要因	・広島県人会，ブランドイメージ，長年培った評判 ・調理能力（焼きそばを含むお好み焼きを作るのは難しい）
	2. 競合他店は？	・外国人留学生屋台 ・ZIMA（チューハイのような飲みやすいお酒） ・オカマバー
	3. 競合の強みと弱み	強み：ブランド，毎年ある 弱み：値段が高い
company	1. 自社ポジショニング	
	2. 自社の目標	・収益を上げる。投資対効果3倍を目指す
	3. 自社の強みと弱み	強み：戦略的行動の重要性を知っている。農家の息子。北大祭の様子を知っている 弱み：継続して参加していない
	4. 強みを生かした事業機会	

ちょっと手助けしよう。

「同じように布で覆えばよいのじゃないかなあ」

誰かが答えを導いた。

「そうですね。これで，皆さんが不満に思っていたことや，理想に近いお好み焼き屋に対する一通りの具体的な目標が設定されたと思います。じゃあ，整理してみましょう。SWOTの表に入れてみたら？」

学生が相談して埋めていくように促してみる。

表3.3 SWOT分析結果

		外部環境分析	
		3) 機会（opportunity）	4) 脅威（threat）
		1. ほかのイベント（YOSAKOIなど） 2. 教職員の参加を促す	1. ブランド力のある競争相手 2. 外国人留学生の店 3. 集客が天候に左右される 4. 開催の継続性が変化する可能性がある 5. まわりの店の衛生管理が不安
自社分析	1) 強み（strength） 1. 農家の息子がいる（原材料のコスト削減） 2. 北大祭の様子を知っている 3. 自分の弱みを知っている 4. ワンハンドお好み焼き 5. 清潔感の重要性の理解 6. 戦略指向で計画している	積極的攻勢 ・事前にビラ配りで店舗を知らせる ・動機づけ：収益性と楽しさ ・清潔感のある片手で食べられるお好み焼き ・方向づけ：ワンハンド ・お好み焼き屋に対する既成概念の打破 ・箸を使わない，シートでくるむ，片手で食べられる，飲み物も提供	差別化戦略 ・ブランド力に対して，新製品で対抗する ・清潔感を売りにする ・親しみのある接客 ・他店より安く ・200円台 ・清潔感 ・ワンハンドお好み焼き
	2) 弱み（weakness） 1. 継続して参加していない 2. マニュアルがない 3. 調理経験が少ない	段階的施策 ・びしっとした店の雰囲気 ・インフラ 　テント用のシーツ 　テーブルクロス	専守防衛または撤退 ・おいしいレシピを作る，もしくは，もらう ・他社レベルの品質を保つ ・清潔感

「大体できました」

気がつくと，**表3.3**がスクリーンに映し出されていた。

15：35　ゼミ室にて

携帯電話の時計を見ると15時35分を示している。もう3時間も連続して討議してきた。学生たちも思考の持続が難しくなってきたのか，ときどきあくびが出る。

「では，20分ほど休憩しますか。私は一服してきます。もし，先に進められるようなら，3Ｃ分析とSWOT分析からCSFを抽出することにトライしてみてく

ださい．このとき，CSFの表の各項は，要因の組合せに対する対応項目になっています」

成功要因を導くときの注意を説明して席を外す．

　しばらくして戻ってみると討議をしている．しかし，肝心の表が埋まっていない．少しサポートが必要なようだ．

「表の各項に対応する項目がはっきりしないようですね．では，まず弱みを強みに変えることから始めますか．弱みは出ていますね．これをいままで出てきた具体的な方法で強みに変えるには？」

先の結果を見直してもらう．

「マニュアルなどのツールを用意して調理や接客で差をつけることです．品質の安定化も図れます」

いままでの作業の内容を理解しているようだ．

「じゃあ，片手で食べられるという優位点を生かすには？」

このまま進めることができると感じた．

「箸や皿を排除して，収益の高い飲み物を勧めることができます」

なるほど，よい着眼点だ．もう大丈夫だろう．

「では，表に入れて整理してみましょう」

と促してみる．

　この結果，**表3.4**を得ることができた．

「ここから4つの視点とKGI/KPIを設定していく過程が一番たいへんです．まずCSFの表から，主要ドライバーに展開しましょう．CSFの6個の分類を視点ベースで整理します」

　参加者は，一度はBSCの話を聞いたことがあるはずだ．随分整理された．しかし，商品の目新しさに注意が集中している．

「マニュアルに着目していますが，それだけで作れますか」

バランスを考えてもらう．

「講習会やレシピ作りが必要です」

「顧客層を広くするために価格も下げなければ」

表 3.4 CSF（主要成功要因）を抽出する

① 弱みを強みに変える 　弱み：継続して参加していない 　　　　マニュアルがない 　　　　調理経験が少ない	・能力：調理技術，計画的にマニュアルの作成を行う，調理の練習をする ・学習効果：練習 ・ツール：作業マニュアル ・ナレッジマネジメント： 　レシピ，作業工程の明確化 ・コスト削減：割りばし，皿の排除
② 脅威と弱みの組合せから，最悪の事態を防ぐ 　脅威：ブランド力のある競争相手 　　　　外国人留学生の店 　　　　集客が天候に左右される 　　　　開催の継続性が変化する可能性がある 　　　　まわりの店の衛生管理が不安	・おいしいレシピを作る，もしくは，もらう ・他店レベルの品質を保つ ・清潔感
③ 事業機会を弱みで取りこぼさないようにする 　機会：他のイベント（YOSAKOIなど） 　　　　教職員の参加を促す	・インフラ 　（テント用のシーツ，テーブルクロス） ・びしっとした店の雰囲気 ・意識：清潔感・接客態度
④ 脅威を強みによって事業機会に変える	・ブランド力に対して新製品で対抗する 　（片手お好み焼き） ・清潔感を売りにする ・親しみのある接客 ・他店より安く 200 円台
⑤ 事業機会を自社の強みで取り込む 　強み：経営戦略がある 　　　　農家の息子がいる 　　　　北大祭の様子を知っている 　　　　自分の弱みを知っている 　　　　ワンハンドお好み焼き 　　　　清潔感の重要性の理解	・事前にビラ配りで店舗を知らせる ・清潔感のある片手で食べられるお好み焼き ・イノベーション： 　お好み焼き屋に対する既成概念の打破 ・新規発明・新製品： 　箸を使わない，シートでくるむ，片手で食べられる，飲み物も提供 ・動機づけ：収益性と楽しさ ・方向づけ：ワンハンド
⑥ 事業機会を脅威により逃がさないようにする	・清潔感で呼び込む

「飲み物も忘れちゃいけないね」

参加者から意見がつぎつぎと出て，CSF がそろい，**表3.5** ができあがる。

「課題は，それぞれの必要事項を達成するためにしなければならないことです。これも同時に作れますね。課題も4つの視点でツリーにすればよいのですよ」

表3.5 主要ドライバーの整理

	財務の視点	顧客の視点	内部プロセスの視点	学習と成長の視点
強み (strength)	・コスト削減：割りばし，皿の排除	・他店レベルの品質を保つ	・イノベーション：お好み焼き屋に対する既成概念の打破 ・革新的な製品：清潔感のある片手で食べられるお好み焼き ・新規発明・新製品：箸を使わない，テントをシートでくるむ，片手で食べられる，飲み物も提供	・能力：調理技術 ・ナレッジマネジメント：レシピ・作業工程の明確化 ・意識：清潔感・接客態度
弱み (weakness)	・あまり実績がない ・継続参加していない ・戦略的な計画で実行に移す	・びしっとした店の雰囲気 ・他店より安く（200円台）		・ツール：作業マニュアル ・学習効果：練習おいしいレシピを作る，もしくは，もらう
機会 (opportunity)		・片手お好み焼き ・事前にビラ配りで店舗を知らせる ・知人を割引サービスなどで呼ぶ ・親しみのある接客		・インフラ（テント用のシーツ，テーブルクロス） ・計画的にマニュアルの作成，調理の練習をする
脅威 (threat)		・清潔感を売りにする ・ブランド力に対して，新製品で対抗する		・動機づけ：収益性と楽しさ ・方向づけ：ワンハンド

主要ドライバーから抽出し，図3.6のような課題ツリーが得られた．

「それでは，これらの分析結果を入れてみてください」

と戦略マップの精度を上げてもらう．

「学習と成長がはっきりしたね」

「製品革新も」

学生が話し合っている．

```
最重要課題         重要課題              課      題
```

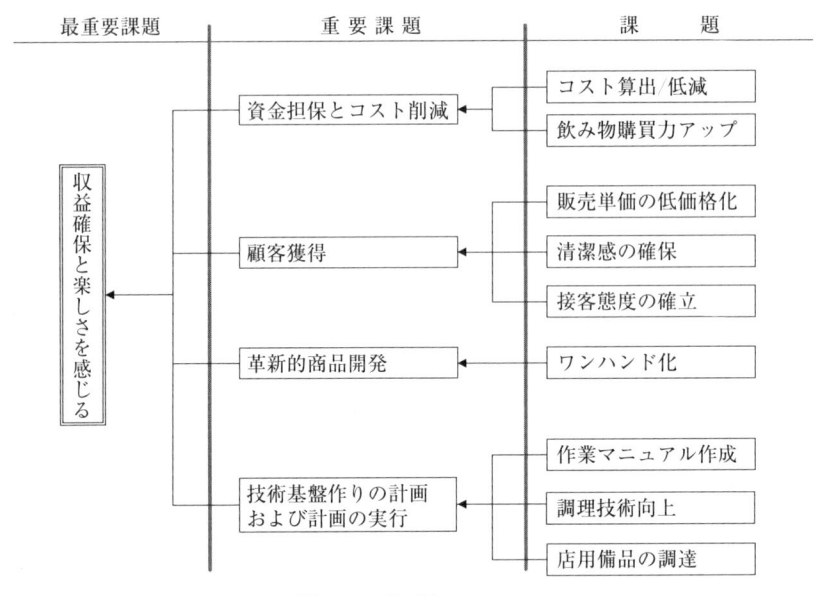

```
                                    ┌─ コスト算出/低減
              ┌─ 資金担保とコスト削減 ─┤
              │                     └─ 飲み物購買力アップ
  収
  益          │                     ┌─ 販売単価の低価格化
  確          │                     │
  保          ├─ 顧客獲得 ──────────┼─ 清潔感の確保
  と          │                     │
  楽          │                     └─ 接客態度の確立
  し          │
  さ          ├─ 革新的商品開発 ───── ワンハンド化
  を
  感          │                     ┌─ 作業マニュアル作成
  じ          │                     │
  る          └─ 技術基盤作りの計画 ─┼─ 調理技術向上
                 および計画の実行     │
                                    └─ 店用備品の調達
```

図 3.6 課題ツリー

3.1.3 まとめ Step 3：課題と CSF を分析から導き目的・目標の妥当性を評価する

〔1〕 **マクロ環境分析**　BSC の作成だけに限らず事業戦略・計画作成を行う場合，自社のポジションや自社を取り巻く環境を理解するために業界・市場のマクロ分析を行う必要がある。

マクロ分析を行う場合，通常，企業などではインターネットを用いて経済動向を検索して基礎データを抽出するか，官公庁の各部局が発行している白書などから必要な事項を抜粋して作成する。

本事例では，北大祭という市場における出店であるため，参加者の経験と図 3.3 をもとにして表 3.1 を作成した。

分析結果を抜粋すると，北大祭自体の盛り上がりはここ数年変化がなく，競合として広島県人会の出店するお好み焼き店が強い支持を受けている。4 日間の開催期間で，時間帯により来訪者（顧客）層が変化することがわかった。また，高校生が日中多く来ることから，商品価格は安価に設定する必要があるこ

とがうかがいしれる。

〔2〕 3Ｃ分析　3.1.2項で得られた戦略マップの図3.5には，分析の結果が反映されていない。精度を高めるためにcustomer（顧客），competitor（競合），company（自社）の3Ｃについて，自分たちの事業領域，事業の範囲，特性など特徴的な事象を記述して，各詳細項目それぞれに対する分析に焦点を当てて表3.2を得た。

作成した分析結果を検証すると，自社のポジショニングと事業機会に関して抜けがあるけれども，潜在顧客の掘り起こしや収益を上げるための飲み物のパッケージングなどがすでに考えられて分析されている。

この分析を行う際には，自分たちの事業を整理しておくことが不可欠である。なぜなら，事業分野を3Ｃで見たときに，それぞれの詳細項目が

どのような状況なのか？

対象とする競合との関係は？

自分たちの有利・不利は？

を客観的に把握することが目的だからである。

〔3〕 SWOT分析　これまでに行ったマクロ分析・3Ｃ分析と戦略マップ（簡略版）から，SWOT分析のフレームワークに該当する部分にデータ項目を抽出して，SWOT分析結果（表3.3）を得た。

自社の強みは，おもに革新製品と清潔感の重要性を熟知し，お好み焼きの出店でも戦略的に実施していく計画立案をすること，自分たちの弱み（競合に負けている項目）を知っていることが挙げられる。

弱みは，継続して出店していない，マニュアルがない，調理経験が少ないなどがある。事業機会は，ほかのイベント（YOSAKOIなど）と重なる開催日程の提案や，北大祭の店に購買に来ていない教職員を促すなどがある。

脅威は，ブランド力のある競争相手と外国人留学生の店，天候に左右される外的環境があり，自分たちが清潔感を売りにしても，まわりの店の衛生管理が不安であるなどが挙げられた。

〔4〕 **CSFを抽出して主要ドライバーを整理する**　SWOT分析結果の縦

および横の各項の交差部分から，リスクを回避して成功させるために必要な主要要因の洗い出しを徹底して検討することが必要である。

この事例では，特に"脅威と弱み"の組合せに対して，おいしいレシピを用意すること，他店レベルの品質を保つこと，清潔感に留意して考えなければならないことが挙げられた。

強みを生かす方法として，事前にビラ配りで店舗を知らせる（出店場所がくじ引きのため，よい出店場所を選択できるとは限らない），清潔感のある片手で食べられるお好み焼きで，お好み焼き屋に対する既成概念の打破にチャレンジして，シートで包んで片手で食べられるものにし，飲み物も同時に提供することを徹底することが挙げられる。

表3.4に示したCSF一覧の①は，表3.3のSWOT分析結果の「弱み⇔強み」を比較して導き，⑥は，「機会⇔脅威」を比較して導く。CSFを抽出することによって，事業を成功させるための目的・目標が導きやすくなる。

先にあげたCSFの抽出結果を，BSCの4つの視点で整理して，事業上の対応を容易にするために主要ドライバーの整理を行って表3.5を作成した。

財務の視点では，強みとして挙げたコスト削減を進めることで担保する。内部プロセスの視点では，徹底して革新的な製品である，既存のお好み焼きにはない片手で持てるメリットを協調した製品戦略を実施することが必要である。

学習と成長の視点では，調理技術の向上とレシピ・調理マニュアルの用意，接客および清潔感を打ち出すためのクロス類の準備などが挙げられた。

現時点での参加者の経験では，完全な事業計画は設定できないが，今後，継続的な実施活動の中で，PDCAサイクルによって計画反映，実行を繰り返して改善していく予定とした。

〔5〕 **課題ツリーの作成と戦略目的への反映** 図3.6に示したように，ここでの最重要課題として，"収益確保と楽しさを感じる"を挙げている。

この理由は，まず，対象が北大祭といっても，出店目的は利益の確保であるということである。しかし一方で，参加して楽しく実行したいという強い希望がある。

3.1 はじめに

つぎに，重要課題または課題ととらえるものを，課題の親子関係を考慮しながらツリーにまとめていく作業を行う．例えば，「顧客獲得」を重要課題としてとらえ，それをさらに小課題に落としていくと，「販売単価の低価格化」，「清潔感の確保」，「接客態度の確立」など，より具体的な課題が出てくる．

ここで，再度戦略マップに新たに抽出された項目や，不足事項の記入を行い，戦略構想の一貫性と成功可能性を調べてみる．

CSFと課題ツリーを作成することで，この企業の特徴として取り上げるべき「革新製品」と北大祭の露店の弱みを補填する「清潔感」を重視することがわかる．これらを考慮して分析結果をもとに戦略マップを整理すると，**図3.7**を得

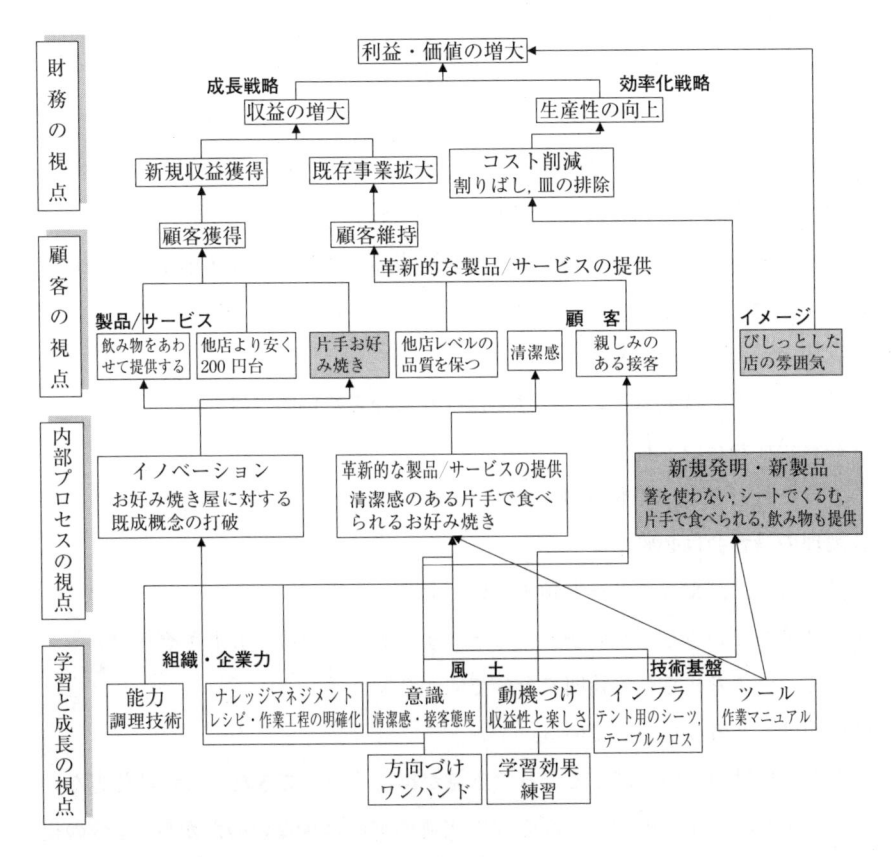

図3.7　北大祭のお好み焼き屋戦略マップ（分析反映版）

分析結果から，直接的に戦略マップに反映することも可能であるし，しばしば戦略マップに立ち返ることなく戦略目的/KGI/KPIに進めてもよい。しかし，課題と強み（ユニークでかつ他店に比較して優位なこと）を整理することで検討漏れが少なくなるという長所を強調したい。

16：10　研究室のゼミ室で

「戦略マップも精査され，CSF・課題の抽出ができました。業績評価指標を挙げて4つの視点の図を完成させましょう」
終盤になり各項の連携について，詳細に注意する必要がある。
「財務はもうけですね。通常，掛けた金額の倍くらいです」
とさっそく概算値が出てくる。
「学習と成長の視点の作業マニュアルとクロスなどの収集も必要だろう」
「売上げに直結する顧客数と集客方法もいるね」
だんだんと項目が埋まっていくが，結果を得るために必要な事前準備が抜けているようだ。
「期間中一人で調理するの？」
「それに片手で持てるというだけではウリにならないのでは？」
「品質が伴わないとね」
ちょっと見方を広げてもらおう。
「調理の講習会は必要だな」
「試作して，試食モニターも頼まないと」
よく理解しているじゃないか。そろそろまとめにかかってもよさそうだ。
「さて，いま考えられる範囲で十分ですか？」
問いかけると皆うなずいている。
課題と実施計画につなげるところで意見が出なくなってきた。これは仕方ないだろう。普段の生活の中で計画の立案実施の経験は少ないのだから。4つの視点とKGI/KPIの一覧にまとめて**表3.6**が作成できた。

表3.6 4つの視点における戦略目的とKGI/KPI

	戦略目的	結果指標（KGI）	先行指標（KPI）
財務の視点	1. 新規商品で収益を上げる 2. シートで包んで割りばし・皿を排除しコスト削減を図る	投資対効果（平均1.5）3 お好み焼き1個に対するコスト？円削減率	仕入先の探査件数 材料費の調査
顧客の視点	1. 片手お好み焼きを他店より安く(200円台)提供 2. 飲み物をあわせて提供してリピート率・収益を向上させる 3. 清潔感のある店と親しみのある接客を行う（びしっとした店の雰囲気作り）	<u>顧客数</u> <u>リピート率</u> （期間中，例年） <u>アンケート回答数</u>	ビラ配り枚数 アンケート
内部プロセスの視点 （新規発明/新製品）	ハンバーグライクな，かつお好み焼きを意識できる新商品の開発	新製品完成数 モニタリング結果？%	試作品数 モニター依頼数
学習と成長の視点	ツール作成：作業マニュアル 能力開発：調理技術 インフラ構築：テント用のシーツ，テーブルクロス	<u>作業マニュアル</u> <u>均質な調理能力の確立</u> <u>シーツ・クロスの収集数</u>	マニュアル作成ページ数 調理講習会回数 調達業者・価格の調査件数

3.1.4 まとめ Step 4：業績評価指標（KGI/KPI）を決めて，4つの視点それぞれの目的と指標が連携しているか評価する

　Step 3でCSFと課題抽出を行い，主要ドライバーを求めて戦略マップ図3.7に反映した。戦略マップの各項目は，戦略目的と合致しているので，4つの視点で戦略目的，KGI, KPIに整理する。KGIとKPIは，KGIが戦略目的の目標となっているかという観点で定量評価可能な指標を選定する。そして，KPIはKPIの進捗による積み上げでKGIを達成可能にする指標を上げることが重要である。以上の点に注意して，表3.6を作成した。

94   3. BSC作成事例 — お好み焼き屋 in 北大祭 —

表3.6の項目で下線のものは，結果として重要なものを示している．具体的な実行計画作成時に，必ず優先度を上げる必要のある項目である．

Step 3の結果も，Step 2へのイテレート（繰り返し）により，"仮説"の精度を上げるように構築している．

時刻を確認すると17時30分を回った．そろそろ限界だろう．
「それでは最後に戦略マップに，いま挙げた評価指標を追記してみましょう」
皆で，戦略マップに評価指標を追記し，**図3.8**の完成版ができた．
「思いのほか作成が進みました．始める前には少々不安もありましたが，皆さんの積極的な発言と各項の精査を真剣に取り組んだ結果です．ありがとう．し

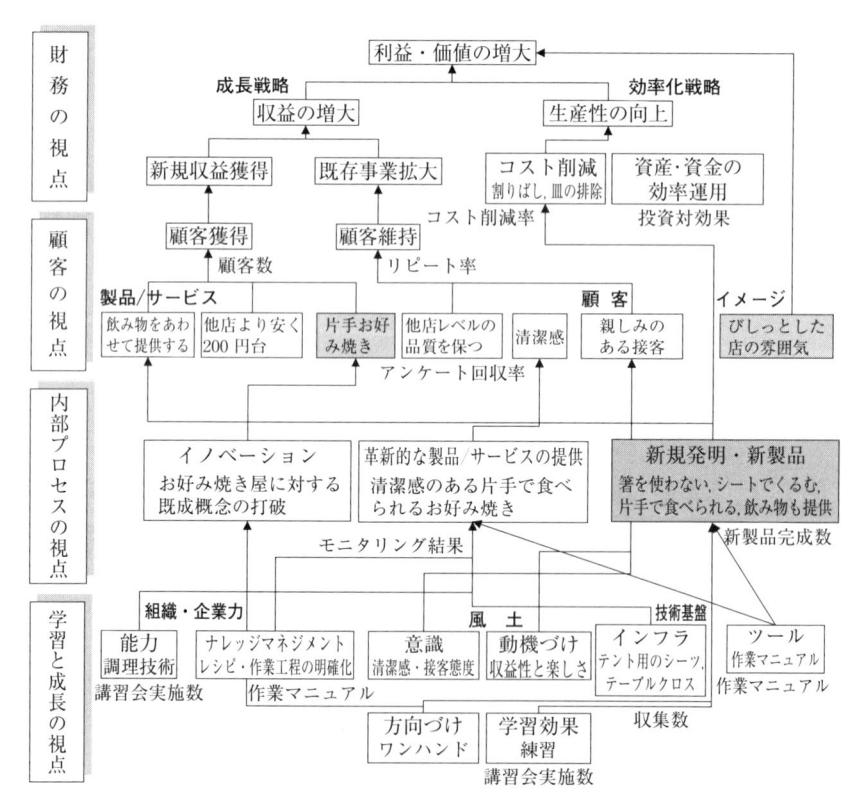

図3.8 北大祭のお好み焼き屋戦略マップ（完成版 指標つき）

かし，最後に知っていただきたいことがあります。実際の企業の事業計画では，実施計画で，評価指標の数値目標や担当まで決めます。これは皆さんには様子がわからないでしょうから，後日，私が作成して送りますので確認してください。それと戦略は実施することが重要です。その点を注意してください」

　5時間でここまで構築できるとは考えていなかった。彼らの協力に感謝して，帰途についた。

目標を定量化することの重要性

　企業の場合，事業収益に関する目標設定においては，数値化された表現に落ち着くのであるが，BSCで示される4つの視点の中において，顧客の視点や内部プロセスの視点，学習と成長の視点などに関する目標設定を行う場合に，一般に定性的な表現になりがちである。

　例えば，「顧客ニーズに応えて顧客満足度を上げる」，「社員のスキルアップを図る」などという表記をしがちである。具体的な指標が不明瞭な場合，達成の評価基準や結果を振り返ったときの課題抽出などもあいまいになりやすい。目標が達成できたのか否かさえわからなくなる場合も出てくる。

　つまり，定性目標では主観によって評価に差異が出る可能性が高い。言い換えれば構成メンバー全員が納得できる合理的で判断可能な評価が難しいのである。

　事業計画は本来実行計画であるから，このような状況に陥ることがあれば，すでに計画策定時点で問題が内在することを理解しておく必要がある。さらに，目標の定量化ができないのは，指標設定において考えが足りないか，戦略目的が誤って設定されているか，いずれかの場合によることが多い。

　評価が公正・公平に行われることで，組織員のモラルとモチベーションが向上し，強い組織になっていく。そのためには，目標を定量化することが非常に重要な要素になってくる。しかし，行き過ぎた数値管理に陥ると減点主義になり，実施担当者はできることしかやらなくなる。この点に注意してバランスを考えた目標設定を考慮しなければならない。

3.1.5 まとめ　Step 5：重点実施項目を決めて，BSC 全体の見直しをする

Step 5 では，実行項目として重点施策を決める。戦略マップの CSF は重要成功要因であるから，事業の成功は CSF を達成（または危険要因の場合は回避）することである。4 つの視点で戦略目的，KGI，KPI を設定することができたので，つぎに重点施策を決定していく。

不足事項や戦略マップの見直しや整理によって追加事項についても，ほかの実施項目との関係を参照しながら追記していく。ここでは，新しいコンセプトを顧客に提供するために，新製品開発（片手で持てる低価格なお好み焼き），作業マニュアル（レシピの作成または入手），調理技術の確立と共同参加者への講習，試作品のモニターおよびモニター結果の回収，インフラとしてのシーツ・クロスの準備が挙げられる。

評価指標まで求められたところで，図 3.7 に指標を追記して初版図 3.8 が完成した。

しばしば戦略マップと CSF または分析の間を行き来し，分析工程においても繰り返し見直しながら進めてきた。読者は，同じ作業を繰り返し行っていることを，歯がゆく思ったであろう。しかし，実際の構築工程では，3C 分析や SWOT 分析も振り返りながら，評価の甘いところや，状況の変化への対応を追記・削除・修正等の作業をしているのである。

3.2　事業計画書策定と大きなイテレート（繰り返し）

これまで，BSC による戦略構築について話を進めてきた。少し，具体的な企業の事業計画の側面で，BSC の役割を説明しておきたい。

事業計画書は，一般的には**表 3.7** のように，計画と実施項目（および前の期または年度の結果）の集合からなる。左上の枠は，中期計画に基づく方針と当該期（または年度）の目標および方針を記載して，方針と目標を明確に提示する。左下は，実施項目（期末には結果と課題）および結果の分析（期初では"ねらい"）をまとめて，実際に行う計画の目標や結果を明示的に示す。

3.2 事業計画書策定と大きなイテレート（繰り返し）

表3.7 事業計画 ― 重点取組み事項・評価指標 ―

2004年度	
■中期目標 ・全体計画を立案する。アイディアの実現（試作） ■ミッション（役割等） ・マニュアル作成 ・試作／調理 ・備品入手先の調査 ■今期運営方針 　1. 試作準備 　2. マニュアル必要要件のリスティング 　3. 仕入れ，備品仕入れの調査完了	※P/L（B/Sもあわせて掲載するとわかりやすい）

実施結果と課題

	財務の視点	顧客の視点	内部プロセスの視点	学習と成長の視点
上記目標				
上記重点課題	✕			

結果の分析
1
2
3
4

評価指標

視点	結果指標	目標値	実績(見込)	達成率	得点	ウエイト	評価点	小計
財務 [50]				100%	100	0.20	20	
				100%	100	0.20	20	
				100%	100	0.10	10	50
顧客 [25]				100%	100	0.15	15	
				100%	100	0.10	10	25
内部プロセス [15]				100%	100	0.10	10	
				100%	100	0.05	5	15
学習と成長 [10]				100%	100	0.05	5	
				100%	100	0.05	5	10
評価点合計							100	

ワンポイント
ワンハンドお好み焼きを試作し，試食モニタリングする。マニュアルの作成，仕入れ調査

　右上には損益計算書（P/L）で対象の期間（年）の収益状況を数値でまとめる（貸借対照表（B/S）をあわせて整理する場合もあるが，経理部門または経営者層だけで共有することが多い）。右下に，BSCの目標設定表（または結果表）を示して，結果を評価指標によって確認する。

つまり，BSC は戦略の部分と評価の部分で大きなウェイトを占めるということがわかる。そして，振り返り工程を行うことで，経営改善の PDCA が自動的に回るようになっているシステムである。

さて，今回の事例を参考に作成すると，ワンハンドお好み焼きというコンセプトを実現する試作を行い，マニュアル，試作・調理，備品の入手などの準備がそれぞれ役割として参加者に与えられる（表 3.7 左上）。

左下の各項は，まだ実施結果がないため未記入である。実際の企業では右上には P/L（B/S）などが記載され，半年（または年）における事業内容と貸借状況を記録し，経営の状況（健全性）が判定できるようにする。

右下には，業績評価表とその実施ワンポイントを記述して事業の経営状態を把握可能にするのである。

これらの基本計画について，重点実施項目を実際の実施計画として日々マネジメントしていく。本事例の実施計画を**表 3.8** に作ってみたので参考にしてもらいたい。

表 3.8　実　施　計　画

新規商品の開発と品質の確保

ねらい	管理指標・目標値
1. 資金担保と商品コスト削減 2. ワンハンド化 3. 調理技術・接客の習得	1. 投資対効果（平均 1.5）：3，コスト/個 x 円 2. 顧客数，リピート率（期間中，例年） 3. 新製品完成：モニタリング結果 x % 4. 作業マニュアル・均質な調理能力の確立 5. シーツ・クロスの手配数

実行計画

アクションプラン項目	担当	スケジュール	成果物
新製品開発 ワンハンドお好み焼き	N	04/08　04/11　　05/02　　05/15 小サイズ化調理手順の調査 　　　　試作　　調理定型化	ワンハンドお好み焼きの品質 （味・操作性）
作業マニュアル作成 （レシピの作成・入手） 調理技術確立・講習会 モニターおよび回答 結果分析	MR, I	レシピ調査 接客マニュアル作成　レシピ作成　　講習会 調理器具調達　　　練習 　　　　　　　　　試食会	作業マニュアル レシピ モニタデータ
シーツ，クロスなど インフラの準備	MK	レンタル調査　調達	シーツ，クロス

3.3　事業計画書策定のフレームワーク

本書では，北大祭への出店を事業計画として挙げたが，企業活動においては図 3.8 および表 3.8 を繰り返し継続して行い，より改善された経営計画へと進めていく。その際に，図 3.8 の戦略マップを経営の基盤のフレームワークとして用いると，組織の方向性を組織員すべてが共通目的として理解して進めることが容易になると思われる。今回の事例の実施工程を **図 3.9** に提示して，読者の BSC 作成の一助としたい。

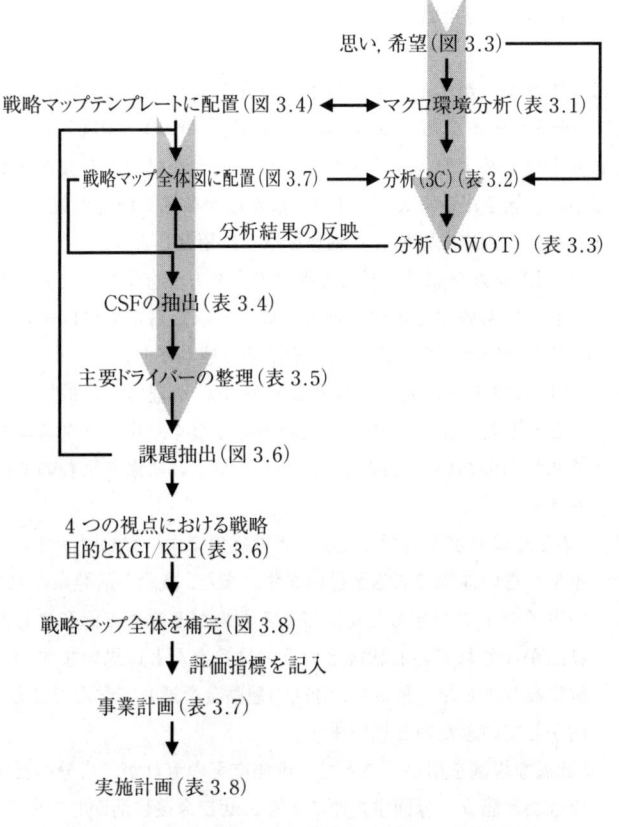

思い，希望(図 3.3)

戦略マップテンプレートに配置(図 3.4) ⇔ マクロ環境分析(表 3.1)

戦略マップ全体図に配置(図 3.7) → 分析(3C)(表 3.2)

分析結果の反映　分析 (SWOT) (表 3.3)

CSFの抽出(表 3.4)

主要ドライバーの整理(表 3.5)

課題抽出(図 3.6)

4つの視点における戦略目的とKGI/KPI(表 3.6)

戦略マップ全体を補完(図 3.8)
↓ 評価指標を記入

事業計画(表 3.7)

実施計画(表 3.8)

図 3.9　お好み焼き BSC 作成プロジェクト進行結果

作成事例のその後と振り返り

　後日，大学の研究室での報告会で，本事例のKGI/KPIにおける目標が数値化されていないという問題や，実際に事業として成立するのかということについて指摘がなされた。つまり，投資対効果を3倍としたが，その理由は？　可能性は？　その目標を達成するために必要な売上個数の算出は？　製品（お好み焼き）のコスト計算は行ったのか？　また，競合他店の売上は？　など，実際の値などの情報収集も，成功可能性を示すために必要なことである。

　戦略マップは，組織員の目的や目標の方向性確認に有益である。この段階では戦略といえる段階ではないが，方針の共有化が図られ，革新的な製品と露店の不清潔さを一新した店を出店をするというコンセプトが得られたことを評価すべきであろう。通常，評価指標や妥当性の検証を行い，さらに戦略に反映して完成していく。

　参加者は，物静かだがポイントを外さない秀才タイプの大学院生N君。活発に発言して，皆をリードする気概の4年生MR君。一つの要素課題をじっくり検討して，必要事項を必ず導入するMK君。作成内容を見わたしながらバランスに注意して不足要素を出そうとするI君。なかなか多様な個性の集まりで，楽しい時間であった。事例作成参加者の感想を以下に紹介しよう。

N君：　「今回，身近な題材を通して戦略の立案方法を学び，どのような事例においても戦略は重要であり，成功を収めるためには論理的かつ現実的な戦略が必要であることを改めて感じました」

MR君：「実際に事例を作成してみることがBSCを理解する最短ルートであると感じた。張り詰めた空気の中ではなく，リラックスムードの中で和気あいあいと作成していくことがよい結果を生むのではないだろうか」

MK君：「楽しく議論が進んだことが一番の感想です。戦略マップの作成は，本来つらい作業であると思います。また，議論が活発になれば，新しいアイディアがどんどん出てくるものだと改めて感じました。つねに話がなされている状況というのは希有だとは思いますが，いい経験になりました。最後に，今回の勉強会を通して学んだことを，今後活かしていきたいと思います」

I君：　「身近な事例を用いることで，戦略立案の流れが，自分の目線で理解できたと思う。今回学んだことを，ぜひ今後に活かしていきたい」

図3.9に示すように、それぞれの作業工程が、つぎの工程のデータとして使われていて、連携がとられていることがわかると思う。繰り返し4つの視点をベースに、まとめ方を整理し直したり、各フレームで相互関係を参照したりすることが要求されて、はじめは戸惑うことも多いと予想される。

しかし、個々の作業を続けることにより、少しずつ完成していく。ぜひ、根気よくチャレンジしていただきたい。

4 経営戦略策定の詳細
― 分析から戦略マップの説明 ―

4.1 経営戦略策定に用いる分析手法の概要

　この章では，分析手法を有効に活用して，経営戦略の精度を高めることについて紙面を割こう。これまでのBSCの紹介で，読者はBSCの成り立ちや基本的な考え方，利用方法について理解されたと思う。

　分析手法は，BSC構築の前に学ぶのが通常の手順であるが，そのような手順でBSCを紹介していくと，なかなかBSCまで至らないために疲れてしまって，分析手法（方法）とBSCのどちらを学んでいるのかわからなくなってしまうことが往々にしてある。

　筆者らは，このような弊害を避け，経営戦略についてBSCを切り口にして，早く読者に内容の紹介を提供しようと試みた。本章では，分析手法の内容とBSC構築へのつながりを説明していく。

　経営戦略立案・策定のためには，自社の内部および外部環境の分析が有効である。なぜなら，経営戦略は企業（組織）の目的を達成するための方策であるが，方策を立てるためには自己の現在の姿を客観的に認識して，現状の自己の位置を確認することが必要だからである。この理由は，ビジョン（理想のありたい姿）に近づくためには，現在のスタート地点を知らずして経路も目標（中間目標も含む）も設定できないことからも明らかである。

　分析は，おもに自社を取り巻く外部環境を分析する外部環境分析と，自社の内部状況を分析する内部分析の2種類がある。自社の経営を健全に発展させる

ために，外部の経済・市場（顧客）動向を分析調査して，市場の要求事項を見い出すことや，競合の動向（市場参入の方法，結果）と「勝ち組」企業の勝っている理由を明らかにして，自社の改善方針を決定する．

一般に，分析の際には，以下の項目について細分化して注意しながら進める．
- 経済全体の動き（景気の低迷，拡大，…，など）
- 参入市場の動向（伸びているか，低迷しているか，…，など）
- 競合の強み，弱み，…，など
- 顧客の指向
- 自社の強み，弱み，…，など

分析は，つねに自分（分析対象）とほかとの比較を客観的に行うものと考えていただきたい．

4.2 経営戦略策定におけるフレームワークのつながり

各分析は，あらかじめ決められたフレームワーク（枠組み）を利用して行う．すでに前章までに，各分析のフレームワークを使用してきた．これらの分析フレームワークは，過去，さまざまな企業・研究所などで，問題解決や戦略立案を行うために考案されてきた有効な方法である．

分析は，複数の参加者によってチームを作り，議論することで進める．組織の中から，その組織の戦略を決定して，実施する権限を持つことのできるスタッフを集めてチームを作る．チームの構成人数は多くとも 5 名程度とする．すべての分析はチームで議論をしながら実施する．分析における注意点は，人の意見は否定しないというディスカッションの一般的なルールに加えて，答えを出すことを急がないことが重要である．

図 4.1 にフレームワークの関係を示した．これらの各項目は，必ずしもこの順序に従って行う必要はないが，この順序で進めることで，それぞれの内容をつぎのフレームワークへ引き継ぐことができるために整理しやすい．

例えば，5F 分析の顧客と競合の各ボックスの項目は，3C 分析の顧客と競合

104　4. 経営戦略策定の詳細 — 分析から戦略マップの説明 —

```
マクロ環境分析
   ▼
  5F分析
   ▼
  3C分析
   ▼
 SWOT分析
   ▼
課題・CSFの整理
   ▼
 戦略マップ
```

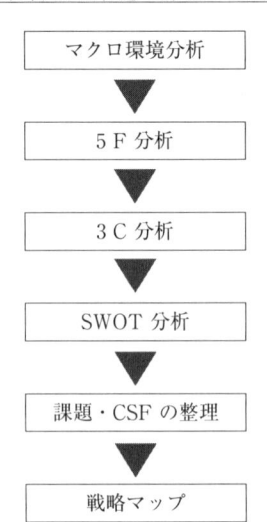

図 4.1　経営戦略策定のフレームワーク

のボックスの項目へ引き継ぐことができる。また，3C分析の自社のボックスの項目は，SWOT分析の強みと弱みのボックスの項目へと引き継ぐことができる。

　SWOT分析が正確に行われれば，課題一覧・課題ツリーは容易に作成することができる。また，組織における課題の重要度をつけることができれば，そこから重点課題が導き出せる。課題の解決は，一般に成功要因として考えることができるから，課題の中でも重要度の高い課題で，かつ課題解決によって市場・顧客に受け入れられるものがあれば，その課題からCSFを導き出すことができるはずである。

　以下の記述でキャッシュ，キャッシュフロー，流動資産などと記述する場合があるが，本章では同じ意味で使っている場合があることを断っておく。

4.2.1　マクロ環境分析

　マクロ環境分析は，これから参入する事業に関連すると思われる世の中の動向や環境について情報を整理する（**表 4.1**）。インターネットの検索サイトを活用することが簡単で情報の更新度が高い。

表4.1 マクロ環境分析の説明

| マクロ環境分析 | 事業に重要な影響を与えるマクロ環境の変化を見極めるために行う分析である。 | 産業外からのインパクトドライバーを理解し，5F分析に重要な考慮点として示唆を与える。 |

　ある程度一般的と思われるキーワードを挙げておき，5F分析を進めながら，その時点で必要なキーワードとの関連を考えつつ，より詳しい情報を集めていく。例えば2004年（執筆時点）でのインパクトドライバーとなるキーワードとしては，e-Japan構想，少子化，高齢化社会，ユビキタス，…，などが挙げられる。

　コンピュータやインターネットの環境がない場合には，官公庁で発刊している白書や，都道府県庁が発刊している市場動向調査など，公的機関の調査資料の利用がよいだろう。そのほかにも，マクロ分析の場合には，業界誌・団体誌などの情報源が利用できる。

　分析の際には，官公庁の公開統計データや発刊書に掲載されているデータに限らず，民間で利用されているデータの出所は一つであることを知っておくとよい。いろいろとデータを加工していると不整合が生じる場合があるために，一つの項目について見解を述べる場合には，できるだけ一次データをそのまま用いることを勧める。

　加工された新たなデータの場合や，自分でデータを処理して用いる場合には，推測が入り込んで客観性を損なわないように注意することである。5F分析などの分析を行いながら調査をしていると，つい自分の期待するデータを採用したり，自己の見解に不都合なデータを無視したりしがちである。自説（仮説）に自信がある場合には，より，その傾向が強く現れることを知っておいたほうがよい。

　マクロ環境分析のねらいは，経済や市場動向などの状況を包括的に調査して分析することで，参入市場の今後の成長性を評価することや，市場の要求する製品/サービスの動向を知って，自社の製品/サービスが市場に受け入れられるために必要な要件を理解するために行うのである。

市場の成長性を評価する必要性については，理解できるであろう。企業においては，成長性の見込めない市場に参入する，または参入している場合には，今後とも安定して自社の事業を展開できる市場で，かつ自社の占めるポジションを守れることが最低限必要になる。本来，選択する市場は，利益率が十分に高く，経営が右肩下がりになる心配が少ないことが必要である。

また，そのような市場においても，顧客の要望する動向を知る必要がないというわけではない。安定している市場においても，顧客の要望事項が変化しないとは限らないのである。顧客の満足を得られない製品/サービスが，収益を上げることができるはずがない。しかし，あえて戦略的に飽和した市場で自社ポジションを保持して，高収益を得るという方法をとることもあり得る。特にブランドが非常に強い企業では，需要に対して，つねに供給不足を生じる製品/サービスの提供を行うことにより，市場を制御して事業の安定化を図るということを実施しているケースもみられる。

一般的には，成長性の高い市場に参入して経営することが多い，その場合には，マクロ環境分析では多くの貴重な判断データを得ることが可能である。成長市場には多くの競合が参入する。市場の利益の発生を分析すると，その市場において得られる利益の85％が成長過程で発生するという説もある。

成長市場で起こる現象を少しだけ述べておきたい。新たな市場が現れると多数の企業が参入し，市場に投入される製品/サービスの占有率の競争が行われる。その競争では，技術開発競争が極限まで進み，製品/サービスの単価は低下傾向を示す。結果的に，製品1個（または1サービス）当りのコストが一時的に上昇して収益構造のよくない企業や，流動資本の乏しい企業は競争から脱落していく。そして，よりコスト削減を行うために，生産性を上げるための工程（工場）への投資が進む。成長過程ではコスト競争が進むが，市場は成長しているために投資回収は順調に行われる。

しかし，市場が飽和時期に達すると，販売量は頭打ちになるため，飽和直前で自社のシェアを維持する程度に生産性を調整する必要がある。なぜなら，「成長時期 = 回収時期」は，市場投入のスピードを早めることが製造効率より

も優先するが，飽和時期には製造効率を最大限優先していくことが必要になり，事業方針の変更が必要になるからである。

このような現象は，実際の事例でも見ることができる。現在，薄型テレビの市場は活性化しているが，各社とも大型投資を行って技術開発を進めるとともに，生産工程に対する投資は想像を超えるような規模であることを，読者はニュースなどで見たことがあると思う。

一方，2000年を境に，ITバブルの崩壊が世間をにぎわせたが，これなどは市場の成長と飽和を示すよい事例であろう。つまり，市場の成長や飽和なども十分に見極めるために，マクロ環境分析で経済・市場の動向を注意深く分析する必要があるのである。

これまでの説明は，マクロ環境分析だけで導くものばかりではないが，マクロ環境分析を行う際に，ただ漫然とデータを収集するのではなく，データを収集して経済・市場・国情などあらゆる項目に対して分析を行うことで，事業の参入や継続を決定・判断する場合に有益であることを示してきた。読者は，一見，戦略に無関係であると感じられたかもしれない。しかし，事業の成功はマクロ環境分析から始まるといっても過言ではないと思う。

4.2.2　5Ｆ分析

ハーバード大学のマイケル・E・ポーターが提案したフレームワークを5 Forces分析（本書では5Ｆ分析と略記）という。5Ｆ分析は，**表4.2**に示すようにこれから参入する業界や市場の動向をまとめるために利用する。5Ｆ分析は，3Ｃ分析をより競合にフォーカスした分析手法ともいえる。

詳しくは後述するが，5Ｆ分析は業界分析に主眼を置いている。ポーターの競争原理がもとになっているために，競争を切り口としてその業界の魅力度を

表4.2　5Ｆ分析の説明

5Ｆ分析	企業の属する業界を俯瞰的に「現在の状況」，「将来の動向」を整理，分析するフレームワーク。	産業に関連するインパクトドライバーを理解し，3Ｃ分析の顧客，競争相手などを決定するときの考慮点に示唆を与える。

測定し,代替手段の有無による製品/サービスの価値の判定を行う。また,他社だけではなく,顧客との関係も購買交渉力によって分析するなど,5F分析のすべての項目について,力関係をベースに評価する分析方法ともいえる。

ただし,業界全体の魅力について構造的に知る有効な方法ではあるが,定量評価ではないために,絶対的なものではない。ほかの定量分析方法の併用で不足部分を補うことが必要であると思われる。

4.2.3 3C 分析

3C分析は,自分の顧客と競争相手を明確化することで,それらに対する自分の強みと弱みを列挙する(**表4.3**)。

表4.3 3C分析の説明

3C分析	3つのC(自社・競争相手・顧客)の関係を整理し,分析するフレームワーク。	市場(顧客)と競争相手を特定し,競争関係を明確にすることでSWOT分析の考慮点に示唆を与える。

Channel(製品販売ルート,事業展開のルート,卸などを指す)を入れて,4C分析と呼ぶ場合がある。

3C分析を行うときに,自己(自社)と競合との関係にとらわれがちになる。しかし,少し冷静に俯瞰してみると,顧客を抜きにした事業展開はあり得ないことが理解できるはずである。近年,**顧客満足**(customer satisfaction,略して**CS**)対応が日常的になっているが,今後の市場では,顧客満足を目指さない企業の存続はあり得ないためであろう。

ただし,3C分析を用いるときには,顧客の設定,つまり「誰を顧客とするのか」ということと,「そのときの競合はどの業界に存在するのか」ということについて十分注意が必要である。

なぜなら,市場に参入する競合が同一業種に属する他社であった時代には,業界に参入する,または参入するであろう競合を推測することは,それほど困難ではなかった。しかし,現在のように,ほかの業界からまったく異なるコン

セプトの製品/サービスで参入することが日常的に行われる時代では，競合は自社の想定外にも存在するという前提で分析すべきであろう。

また，インターネットの普及や，国境を越えた事業展開が常時行われるようになると，視野を360°に広げて注意深く観察・分析を行わないと，取りこぼしが生じるのである。さらに，例えば情報家電のように，単独の業種だけを観察していては，顧客や競合を見誤ることになりかねない。現在は，あらゆる意味で市場参入障壁が低くなっているために，顧客に提供する製品/サービスに着目して，それだけを分析する場合でも，ワールドワイドな企業群が，あらゆる業界から市場参入を目指して活動していることを知っておく必要がある。

4.2.4 SWOT 分 析

自己・自社の強みと弱みを明確にすることで，自社の現在のポジショニングを理解する。また，先に実施したマクロ環境分析，5Ｆ分析，3Ｃ分析をもとにして，自社が将来行うべき戦略的可能性を**表4.4**に留意して分析する。

表4.4 SWOT 分析の説明

SWOT 分析	企業の「強み」，「弱み」で「現在のポジショニング」を，「機会」，「脅威」で「将来の戦略的可能性」を分析するフレームワーク。	外部環境，競争環境の分析を参考に，企業の置かれた状況，競合会社の状況について分析を行う。

SWOT 分析は，自己とほかとを4つの項目で分析する方法であるが，後述する図4.5で示すように，弱みと機会，強みと脅威の組合せで懸念される事項についても同時に分析することが好ましい。

つまり，事業機会を最大限生かす方法を探索し，自己の弱みを解消する方法について検討することを要求しているのである。SWOT 分析は比較的自己（自社）分析に主眼を置いた分析方法であるが，3Ｃ分析や5Ｆ分析と併用することで，顧客と競合を含むバランスのとれた分析を可能にする。分析に習熟すると，3Ｃ分析を意識しながら SWOT 分析を行うことで，漏れなく客観的な評価を行うことが可能になる。

4.2.5 課題・CSFの整理

CSFは重要成功要因を示すということはすでに説明した。SWOT分析で抽出した示唆をもとに，CSFとして整理および再定義を行い，BSCの戦略マップ作成の準備を行う（表4.5）。

表4.5 課題・CSFの整理の説明

課題・CSFの整理	事業におけるCSFを整理するためのフレームワーク。	SWOT分析で抽出した示唆をもとに，CSFとして整理および再定義を行い，戦略マップ作成の準備を行う。

まず，成功するために必要なことは何であろうか。

成功するためには，自己の弱みを何らかの方法で補い，強みを最大限生かすことが必要なことはいうまでもないだろう。そのような方法を考えるときに，検討漏れがないようにする方法が必要である。

CSFへの再定義は，通常，以下の6つに分類して整理し，成功可能性を高めることと，事業継続不能に陥る状況を避けるために行うのである。

① 弱みを強みに変える
② 脅威と弱みの組合せによる最悪の事態を防ぐ
③ 事業機会を弱みで取りこぼさないようにする
④ 脅威を強みによって事業機会に変える
⑤ 事業機会を自社の強みで取り込む
⑥ 事業機会を脅威により取り逃がさないようにする

4.2.6 戦略マップの作成

これまでに抽出したCSFの因果関係を明確化する。加えて，評価尺度の検討とKPIの設定を行う（表4.6）。戦略マップは，CSFの因果関係を明確にする目的で作られる。CSFは，分析・整理するフレームワークの中でよく考えられて作成されると思われるが，いくつも挙げられる成功要因個々は，対象である状況の組合せ個々に対して検討した結果となっているはずである。

表 4.6 戦略マップの説明

戦略マップ	事業における CSF の因果関係を明確にするためのフレームワーク。	SWOT 分析で整理した CSF の因果関係を明確にし，戦略としての整合性を整えて，評価尺度の考察，KPI の設定を行い，優先順位についても考察する。

しかし，自社を取り巻く環境や自・他社の関係など，事業全体を包括して個々の組合せについて検討しているとは限らない。特に，組織規模が大きくなり，業務分担が必要なときなど，自己の組織の職掌範囲に限定して成功するための最適化を図るケースは少なくない。このような個別最適化は，現在では，組織全体を見わたすと全体効率を低下させていることがある。

このような個別最適と全体の最適を，直観的な図による因果関係を明示することによって戦略として整合するために，戦略マップという方法が用いられている。戦略マップを用いると，組織の各部門が受け持つ業務が，ほかの部署の業務にどのように関係するのか理解しやすく，自部門・他部門が行う実施事項の必要性を直観的に示すことができる利点がある。

4.3 そのほかの分析手法

これまでは，BSC 作成に必要な分析手法の概要を示した。4.4 節以降では，BSC 作成に必要な最小限の分析手法について，詳細に使い方を説明していく。しかし，その前に本書では用いないが，分析には着目点によってさまざまな方法があるので，各種の分析方法の概要を示しておこう。読者は，継続して学習する場合には，それぞれ良書が出版されているので，巻末の参考文献を参照して欲しい。

4.3.1 4P 分 析

4P 分析は，表 4.7 に示すようにおもにマーケティングに用いる分析のフレームワークである。要素ごとに問題点をまとめ，最も大きな課題を導出する

表4.7 4P分析の説明

4P分析	4つのP（製品，価格，チャネル，販売）に関する情報を，それぞれの要素ごとに課題点をまとめ，最大の課題を抽出するために分析するフレームワーク。	製品のマーケティングを行うときに利用する分析のフレームワーク。製品自体，広告・販売，流通，価格比較・買いごろ感，の個々の課題を分析し考察する。

ことを目的にする場合には，4P分析が適当である。

注意すべき項目には，以下のようなものが考えられる。

- products（製品）　品質，機能，形状，色合い，保証，サービス，ブランド名，サイズ，…，など
- price（価格）　定価，値引き，利益幅，支払い期間・条件，…，など
- place（チャネル）　流通経路，販売地域，在庫，発送，…，など
- promotion（販売）　広告，販売員，販売促進方法，…，など

この分析方法の特徴は，流通から販売を分析対象として含んでいることであり，また，製品/サービスに着目して分析を行うため，製品/サービスをどのように市場に展開していくかということを目的としている場合には，非常に効果が高いと思われる。

しかし一方で，事業を成功させるための，流通および販売以前に必要な自社の実施事項については，分析対象の性格上，導出することは難しいであろう。市場投入する製品/サービスを決定し，もしくは決定後に，どのように自社の製品/サービスの市場シェアを獲得していくか，事業展開上の課題がマーケティングにフォーカスされた場合には効果的であろう。

最近，コンビニエンスストアをユーザーのフロントエンドとして利用する事業展開が非常に多くなっている。例えば，現在，コンビニエンスストアでは銀行のATM機が設置され，銀行の本・支店のCDコーナーを利用する必要性は少なくなっている。書籍の受け渡しや，映画・コンサートのチケットの申し込み・受け取りなどは以前から行われている。宅配便の引き渡しはいうまでもないが，宅配便が郵便業務を行うに至って，郵便局まで行かなくとも，手紙の類までコンビニエンスストアで送付が可能になった。

自社の製品/サービスを新たに市場投入するときだけでなく，事業を実施している現在においても，つねにこのような分析によって新規参入者について注視することは，事業継続の意味からも重要であることは理解できるであろう。

4.3.2 7S 分 析

7S分析は，マッキンゼー社の提唱している組織分析のフレームワークである（**表4.8**）。

表4.8　7S分析の説明

7S分析	7つのS（戦略，システム，スキル，組織構造，スタイル，価値観）を指す。	組織開発や組織診断を行う際に，7つのSで自社の強み・弱みを分析し，改善強化策を導いていく。

以下に，7つのSを簡単に紹介しておく。

strategy（戦略）　持続的な競争優位を築くための方策
system（システム）　組織の運営ルール・しくみ
skills（スキル）　社員・組織が有する特徴的な能力
structure（組織構造）　組織の構造や形態
style（スタイル）　組織の持つ文化
shared value（価値観）　経営理念・行動規範，組織の存続目的など組織の行
　　　　　　　　　　　動，社員の行動を規定する価値観
staff（人材）　組織の人材特性

7S分析の特徴は，組織分析に特化しているということである。7S分析は組織内部の問題を解決する目的で利用される。組織の分析を主眼としているために，その組織の価値観が分析の中心となっている。したがって，分析の精度を高めるためには，共有されている（または共有すべき）組織の価値観を厳密に定義して，共通認識のうえで行うことが要求されていることは理解できるであろう。

この分析手法を用いるのはどのようなときであろうか。

経営者の立場で考えると，経営判断が実行されていない。または，実行され

るまでに随分時間がかかるようになったなどの現象が現れてくると，経営者は組織上何らかの障害が発生していると感じるであろう。そのようなときに，組織の実態を分析することから問題を抽出することができる場合がある。

あるいは，新しい事業展開を計画したときに，現在の組織構造で対応が可能かどうかを調査する場合に用いるかもしれない。例えば，ある組織は昔ながらのピラミッド型であると仮定する。組織の中の多様な部門の横の連携が良好であることが，事業の成功の要因であるという結論に達している場合など，当然，組織のしくみや構造・形態および必要なスキルなど，新たな変更要求事項が発生するだろう。このようなときに，7S分析を用いると効果的な分析結果が得られると予想できる。

4.3.3 ビジネスヒエラルキー分析

ビジネスヒエラルキー（階層）分析は，組織診断を行うときに，組織階層を整理するために用いるフレームワークである。

この分析方法では，**表4.9**に示すように，6つの階層それぞれの問題点を洗い出して，組織の一貫性や強さを阻害している要因を見つけ出すことを目的としている。この分析手法の特徴は，抽象的な組織理念から具体的な日常の組織末端におけるオペレーションに至る経営の階層構造を分析して，組織が共通の価値観と戦略で運営されているかどうかを分析することである。

往々にして，現場レベルでは，理念を横に置いた状況で日々業務を行っている場合が多い。しかし，その組織の経営理念や戦略が，日々の業務や作業の一

表4.9 ビジネスヒエラルキー（階層）分析の説明

ビジネスヒエラルキー分析	上位から下位まで6つの階層で整理するもの。 ① 理念 ② 目標 ③ 戦略 ④ 計画 ⑤ 管理 ⑥ 業務	強い組織は，6つの階層に一貫した流れがあり，共通の価値観や戦略で組織運営を行っているとして考える。

つひとつに浸透していない状況を想定すると，必要性が理解できると思う。

例えば，顧客第一を理念および戦略に掲げていても，顧客と直接接する現場の第一線の組織員一人ひとりに浸透していなければ，顧客への対応がおろそかになって，顧客は不快感をもって二度と利用してくれないかもしれない。

強い組織では，一般傾向として，経営トップから末端の組織員まで，共通の組織理念や戦略が理解され，かつ実施されている。

4.3.4 ビジネスシステム分析

ビジネスシステム分析（バリューチェーン分析）は，研究開発から顧客サービスに至るまでの一連の流れと，各段階における問題点を洗い出すための分析方法である（**表 4.10**）。

表 4.10 ビジネスシステム（バリューチェーン）分析の説明

ビジネスシステム分析	研究から顧客サービスまでの各段階における問題点を改善する。	通常，自社のビジネスシステムの流れを洗い出し，他者のシステムのベンチマークを行って，自・他社評価から自社の改善点を検討する。

営利企業では，製品を生み出してから顧客の取り込みまで，すべてが流れるように行われることで，継続的な事業展開が可能になる。その事業構造の流れを阻害する要因の改善，または他社に勝る事業構造を構築するために行う。通常，**図 4.2** に整理して用いることが多い。

この分析方法は，見方を変えると，投資から回収の工程をスムーズに運営するために，一連の流れのどこに問題が発生している（または発生する可能性がある）かを分析するときに有効な手段である。この分析結果で，社内（もしくはグループ企業全体）の工程の状況が確認できる。特に注意しなければならないのは，強み・弱みを評価するとともに，改善点を導いて，より強い事業システム（企業または組織）を目指すことを行うことである。

例えば，メーカーがある製品を販売する場合に，生産部門の所轄責任者が，製品が倉庫に搬入されると，その部門の売上げが認められるために，販売状況

	研究・開発	商品企画開発	仕入れ・材料購入など	生産	広告・宣伝など	販売	保守・サービス
弱み							
強み							
改善点							

図 4.2　バリューチェーン分析

や流通などの工程を考えずに，作業が終了すると製品を倉庫に入庫して，自部門の評価ポイントを上げることを優先してしまう，などの弊害がある．自社の売上げや利益の確定は，最終的に顧客から代金を回収した時点であり，社内の他部門に移管された時点ではない．しかし，個別最適化を図っている場合，社内規定などによって，このようなおかしなことが往々にして起こり得る．

4.3.5　PPM　分　析

PPM分析は，市場成長率と相対シェアで分析するフレームワークである．自社の事業を市場の成長との関係で分析する．市場の成長が止まり，飽和しているところに参入することは，非常に不利であることは容易に類推できるが，すでに自社の占有率が高い場合には，新規参入を許さない障壁の検討を即し，ニッチ市場の動向に注意することを忘れてはならない．

通常，PPM分析では，**表4.11**のように，左下（負け犬）は事業の撤退方向で考える．右下（金のなる木）は，できるだけコストをかけずに収益をねらう．右上（花形商品）をさらに伸ばし，左上（問題児）に対する効果的な手段

4.3 そのほかの分析手法

表4.11 PPM分析の例

市場成長率		低 ← 相対的(市場)シェア → 高	
		問題児	**花形商品**
高		市場は，IT投資が微増しシステムのオフショア開発が進んでいる。	デジカメ・大型液晶テレビ市場へシフトし，他社との差別化をねらう戦略製品
		海外のソフトウェア企業の日本進出が目立ってきた。圧倒的なコスト競争力で国内のソフトハウスは倒産が多い。△	デジタルパーソナル受注は高い。今後は，収益確保のため，開発コストの削減を進める必要がある。○
		オープンソース採用が増え，基幹系の入れ替えなど，リアルタイム処理のシステムへの移行が増えてきた。	個人用途の機器アプリケーションに特化。将来も同程度を確保する。当社としては安定な稼ぎとして位置づける。
		企業においても，オープンソース系の社内システムの導入が試されている。	
		負け犬	**金のなる木**
低		電子政府構想への着手の遅れ	ホスト関連収益は年々低下している。運用保守事業は利益率が高いが，新しい戦略が必要。
		システム入札	ホスト系の開発受注は低下している。運用保守サービスは収益が高く持続的な事業であるが，顧客獲得に時間がかかる。✕
		e-Japan構想向け，各種製品 ✕	コールセンター構想は，沖縄県が一歩リード？ ？
		自治体にオープンソース採用傾向が出てきて，自治体情報システム市場に伸びが見られる。市場の構造が変化している。戦略の立て直しが必要。	
		低	高
		相対的(市場)シェア	

を検討して実施する。

　市場の成長と自社の相対シェアを比較すると，PPM分析で得られた結果から，自社のすべての事業項目に対して何らかの対策を施す欲求にかられることがある。しかし，その事業から得られる利益は，市場参入のタイミングに非常に強く依存していることが知られている。

つまり，成長過程に入った時点で参入するのが，最も効率的な利益の獲得タイミングであることはいうまでもないが，市場は「S字カーブで発生 ⇒ 成長 ⇒ 終焉（えん）」を繰り返すことが知られている。これは，一つの市場が成熟しきったあとで，何らかの変革によって再成長するということであるが，再成長期には同一の製品/サービスをそのまま投入しても利益に結びつくことは少ない。

分析手法の有効性 ── なぜ分析を行うのか ──

　読者の中には，「経営戦略の説明なのに，なぜ分析の話が多いのか」，「それが戦略にどう有効にはたらくのか」という疑問をお持ちの方も多いかと思われる。実際に，米国の急成長ベンチャー100社の創業者に対するアンケートでは，事業計画書を作成した企業は5％で，計画書がなかった企業は41％にのぼるという結果も出ている〔A Guided Tour Through the Wilds of Strategic Management (Free Press), pp.135〕。

　筆者らは，事業戦略や事業計画書の優劣と，ビジネスのアイディアや成長がイコールだとは考えてはいない。確かに，面白いアイディアを持つベンチャーの方々は多く，その方々は人間としても非常に魅力的で，「この人の下で働いてみたい」と思わせる方々ばかりで，その方々の熱く語る新規事業は，永劫に未来が開けているような気がしたものである。

　しかし，ここで分析（手法）の有効性を少し述べようと思いついたのは，2000年に，国内外でITバブルがはじけて，当時，テレビや週刊誌や投資家向けの各種書籍・セミナーで，もてはやされた国内外のITベンチャーの多くが業績不振で消えていったことがきっかけで，企業の寿命を調べたときに，創業から10年後も事業を継続している企業は，資料やデータによって異なるが，じつに10％に満たないという事実を見たときである。

　ピーター・ドラッガーは，最近の著述で，現在人類は，自己の職業人として

の人生の長さが，企業の寿命を逆転するということを経験する時代である，と述べている．つまり，多くの職業では，社員が入社してから同じ業務を行うことに対して，給与を支払い続けることが難しくなったのである．

つまり，「一人の優れたアイディアを事業化して，半世紀間継続して事業を行うことが困難である」ということである．したがって，企業を運営する経営者は，時代の変化をとらえて企業の構造を改革すること，従業員を事業の変化に対応できるように，スキルを向上・変化させることをつねに意識して，事業を行うことが求められているのである．このために，経営戦略が必要であり，戦略の妥当性を担保するために分析が有効に働くのである．

では，「具体的にどのようにしたらよいのだろうか」という問いへの一つの答えが，分析手法の有効的な利用であると筆者らは考える．

つまり，過去，各種開発されてきた分析手法は，自社を取りまく環境や自社の内部環境を分析して，市場の変化（顧客の求めている価値の変化）を見極めることを目的としている．それによって，顧客に支持されるための準備に何が必要か先取りして知ることができるし，分析によって自社の製品／サービスの改善点を知り，改善して市場に提供することで，継続的な市場（顧客）の支持を受けることができるであろう．

また，自社のポジショニングが明確になるという利点がある．また，新たな技術・サービスや製品を開発する際に分析を行って競合に打ち勝つための方策を事前に行っておけば，技術・製品・サービスの市場投入後に，競合他社よりも有利に事業を展開できる可能性が高くなる．つまり成功確率が高くなるのである．

さらに，効果的な分析を行うことで，自社の戦略が明確になって，必要な業務に集中することが可能になり，企業自体の競争力が高まり，社員一人ひとりが戦略・分析結果を意識して業務履行することで，企業（組織）の活力が得られることも容易に想像できる．

最後に，ほとんどの小規模な企業では，企業戦略を立てていない場合が多いが，それ以前に分析が行われていないことが多い．筆者らは，このような小規模の企業で，いまだ十分な戦略が練られていない企業の実情を見るたびに，大変惜しい気持ちになる．なぜなら，現在は象のような大企業よりも，市場の動向に敏感に対応できる小回りの利く小規模な企業のほうが，はるかに市場要求に迅速に応えることが可能で，非常に大きな成果を得ることが可能な時代だからである．不景気の時代には，大手企業も事業を中核事業に集中していて，ニッチな市場には安易に参入してこないのである．

あるときには製品の性能向上であったり，あるときには製品自体を所有することの優越感であったり，とさまざまに市場の要求は変化する。このような顧客動向と自社の製品/サービスの関係を冷静に比較参照することが重要である。

4.4 マクロ環境分析

マクロ環境分析は，自分の属する社会の外部環境について分析する。**表4.12**に示すように，経済動向，人口の推移や分布変化，法律や政治の動向，宗教や価値観などの文化，技術変化や製品の移り変わり，自社を取りまく環境の変化や規制など，それぞれの各項目に関する情報を収集する。

表4.12 マクロ分析要素例

経 済	人口統計
景気，インフレ・デフレ，貯蓄率，為替，金利，労働需要供給，消費動向	総人口，地域的分布，年齢構成，出生・婚姻・死亡率，国籍
政 治	文 化
法律（規制・税制），政府・関連団体の動向，消費者保護，公正競争	宗教，価値観，倫理観，社会規範，世論，教育レベル，慣習，ライフスタイル
技 術	環 境
技術革新，特許，技術のライフサイクル，生産・商品化技術，代替技術	天然資源，エネルギーコスト，公害環境団体，環境規制，世論

通常は，各種ニュースや新聞などから関心のある内容を確認しておき，知識としてクリッピングしておくなど，つね日ごろから好奇心を持って取り組んでおく必要がある。とはいえ，そこまで情報を集めていることは稀であるので，つぎの5Ｆ分析の実施において，5つのボックスを埋める時点で気づいた情報を集めるといったことでも問題はない。また，そのつぎの3Ｃ分析やSWOT分析まで進めてから，再度，必要な情報を調べることもある。

なぜ，マクロ分析が必要か，少し例を挙げてみよう。

例えば自社がレストランを経営していたとしよう。日本国内でチェーン化に成功し，外国からの旅行者や居住者にも非常に評判がよく，海外進出による事

業の展開を考え始めたときに，日本国内で自社の経営するレストランのメニューが外国の人たちにも評判がよいというだけで進出戦略を立てたとすると，さまざまな問題を引き起こし，経営の存続ができない場合あるのである。

　ある国では，習慣や宗教的な戒律のもとでは，食事の際に食べてはならない食物もある。このようなことは，現地では当然知っていることであり，そのような習慣や戒律を破るようなことを，その国に住む人々がすることはないであろう。

　しかし，事業収益だけにとらわれて，実際に事業を行う国や地域の状況を知らずに，われわれの習慣にないからと日本国内と同じメニューや店の作りにした場合，果たして，出店した現地の店に顧客が来てくれるだろうか。

　海外のさまざまな習慣や宗教的な戒律は，われわれ日本人が想像もできないほどの重みをもって人々の生活に浸透しているのである。

　このような事情を知らずに，事業を行えば，当然その事業が成功することはないだろうし，最悪の場合，外交問題へと発展する場合もあるであろう。

　しかし，現地の人々の習慣にないような飲食でも，その国が観光を国の国策として奨励していたとしたらどうであろうか。観光客は，現地の人々ではない。したがって，観光客は別の信条によって行動しているのであるから，かりに現地の人々が必要としていないレストランでも，観光客には必要かもしれない。そして，国策で観光客を集める必要があることから，現地の国民は海外からの観光客が自分たちの習慣にないことをしても，許容するかもしれないのである。

　そうすると，現地の人々を顧客とすることはできなくとも，観光客を顧客とすることが可能で，事業が発展する可能性はある。また，店の従業員を現地で採用することにより，その国の人々を雇用することができるため，進出および出店することが歓迎されるかもしれないのである。

　この説明は，文化やその国の政治，経済に関連している。製品/サービスが受け入れられるかどうかということは，必ずしも製品/サービスの機能や品質だけで決定されるわけではないことを示したかったのである。

技術系の読者のために，技術に関するマクロ分析の重要性と効果を示しておこう。例えば同じように，日本国内で圧倒的なシェアを有する製品を持つ企業があるとしよう。

ある製品が，国内市場において長期間の占有状態で，企業の経営幹部はさらなる事業拡大のために海外進出を計画したとする。海外においても，類似の製品は見当たらず，海外市場は国内の 10 倍以上である。国内での圧倒的な強さは，自社の製品の技術的優位性と特許に守られた新規参入者障壁であるとする。

このような非常に有利な状況で進出する場合でも，落とし穴はある。

製品を出荷すれば非常に大きな成功を収めることは容易に予想できる。しかし，進出するある国において，自社製品の基盤技術がすでに他社から特許として出願されて登録されていたとしたらどうであろうか？

特許の所有者は，進出した企業に製品の出荷停止を求め，かつ莫大な特許使用料を求めるであろう。自社では，当然，進出する国に特許出願をしていたが，自社の特許よりも以前に登録されていた基盤技術の特許があれば，先行特許を侵害していると判断されるであろう。

その結果，自社の資金で対応できないような負債を抱えるかもしれない。そして，国内の事業の収益を，海外での事業の失敗に投入することになり，事業継続ができなくなることも考えられる。つまり，国内で同一製品による事業拡大が難しいために，海外進出して事業の拡大を目指したはずが，逆に国内の事業継続すらできないという目的とは逆の結果になることもあるのである。

実際の企業活動においては，このような単純な誤りをおかすことはないが，細かな事業経営については，客観的な事実の確認を怠ることがないわけではない。特に，自社にとって強い分野，商材，サービスなどであるという思い込みが客観的な事実に勝ってしまって，冷静で客観的な判断を失う場合が多いのである。

マクロ分析を行うと，自社を取りまく経営環境の実態がいろいろな視点で分析されることから，従来競合と考えていなかった企業が，じつはある領域では事業範囲が交差していて，時代の変化とともに市場が成熟したり変化して，完

全に競合関係になる可能性があるなどということや，いままで考えていなかった新規市場に，現有の自社のリソースで参入可能であることが予測できるようになるなど，多面的に自社を取りまく環境を見直すことが可能になる。

特に，いままで競合と考えていなかった企業が，市場の成熟や変化で競合になっていくということは，近年では珍しくない。例えば，情報家電と携帯通信機器などはその典型であろう。

さらに，日本では比較的おろそかになるのが，政治・文化・歴史観の問題である。海外では，日本国内と大きく異なる法体系の国もあるかもしれない。また，日本人では気にもとめないことでも，その国固有の文化では忌避される習慣があるかもしれない。また，過去の日本との歴史的関係から，日本を快く思っていない場合もあるだろう。国内では問題にもならない些細なことが，大変大きな社会的・政治的問題に発展する場合もある。海外を考察する際には，読者は経済や市場，技術だけで判断されることなく注意深く分析してほしい。

マクロ分析は，市場や業種についての動向や傾向を分析して，事業戦略の基礎データを集め，かつ整理することである。マクロ分析を行うことによって，自社（自己）の所属する環境の状況が客観的に判断可能な素材を作ることができる。この素材を使って5Fあるいは3Cの分析を行うのである。そして，これらの分析により，見落としなく経営戦略立案に進めることが可能になる。

4.5　5F　分析

5F分析は，ハーバード大学のマイケル・E・ポーターが提案したフレームワークである。5F分析によって，業界を分析してその業界の中で起こっている，または起こりうる製品/サービスの変化を論理的に分析対象とすることが可能になったともいえるだろう（図4.3）。

① 新規参入業者
② 業界の競合状況
③ 代替品/代替サービスの脅威

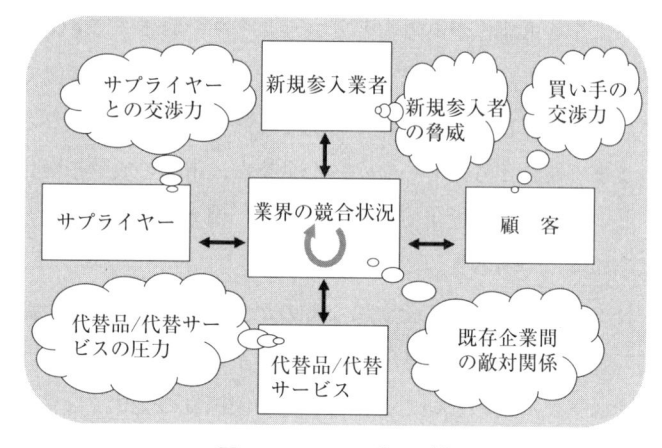

図 4.3 5F 分 析

④ 顧客（買い手）の交渉力
⑤ サプライヤー（売り手）の交渉力

この5項目について，たがいの関係性を抽出して，その業界構造の分析を行う方法である。これら5つの項目を挙げながら，その業界の特性や将来の競争における変化を予想する。

これら5つの項目を見ると，参入業界の勢力関係や新規参入，または代替製品/サービスを分析考察することで，つねに市場における自社の競争力を判断して事業展開することを意識する必要があることが理解できる。

製品/サービスの具現化に複合技術が必要になってくると，参入事業者がさまざまな業界から現れることが予想される。そのために，自社が新たに参入する場合には，その業界の参入障壁が低いことが好ましく，自社が事業を展開していく経過で参入障壁を高くする方法を見い出していく必要があることを5F分析では示唆している。

そのほかにも，投入製品/サービスを挟んで，売り手と買い手の交渉力など，製品/サービス単体の市場競争力だけではなく，売価の変動要因に着目していることに注目しなければならない。あとに述べるBSCの顧客の視点は，ブランドが要因としてとらえられている。ブランド力が高い場合には，売り手側に有

利にはたらき，ブランド力が低い場合には交渉過程でブランド力を補う何かが必要になることが直感的に理解できるであろう．

4.5.1 各ボックスの定義

〔1〕 新規参入　　自社と同様の製品を，近年もしくは近々にターゲットとなる市場に対して供給する動きを考える．

一般に，以下の項目に該当するとその市場への新規参入は難しいといえる．
・規模の経済の働きが強い．
・既存企業の製品が差別化されている．
・既存企業のブランドが確立されている．
・新たな参入には巨額の投資が必要．
・既存企業の顧客が取引先を変えるのにはコストが必要．
・流通チャネル（販売網）の確保が必要．
・既存企業にコスト面の優位性がある．
・参入に対する政治的な規制がある．

上記の項目に該当すると新規参入が難しい理由を考えてみよう．

規模の経済の働きが強い場合には，逆にニッチな市場に参入することで，新たな市場形成の可能性が残されている．しかし，ニッチな市場で得られる利益は，規模の大きな経済・市場に比較して額が小さいために，自社の必要とする利益の大きさと比較しながら検討する必要があるであろう．

既存企業の製品が差別化されている場合には，すでに市場（顧客）が選択的に既存企業の製品を選択していることが多い．そのような製品に対して，さらなる差別化を行い，市場における顧客の選択肢を広げる努力が必要になるであろう．しかし，差別化が製品機能の場合には，代替手段を構築することが可能になるため，機能追求型の製品では決定要因にはならないと予想される．

既存企業の製品ブランドが確立されていると，顧客はブランドで製品を選択しているため，容易に他社の製品を選択しない．価格や機能は選択の大きな要因になることは少なく，顧客は所有していることに満足を感じている．このよ

うな場合では，顧客をセグメント化することで，自社の顧客にしたい顧客のみに集中して顧客要望を実現することに注力することが考えられる。しかし，機能とコスト追求によって市場の構造を変革することは可能であるから，既存市場は飽和しているのか，新たな市場の創造によって製品の投入が可能にならないか，十分に調査検討が必要であろう。

新たな参入に巨額の投資が必要な場合には，投資したあと，回収が可能かどうかを判断する必要があるであろう。しかし，自社において何らかの方法で投資が可能な原資が準備できても，リスク要因を削除できるかどうかを検討すべきであろう。

既存企業の顧客が取引先を変えるのにコストが必要な場合には，収益を得ることが継続的に可能であれば取り組む価値は大きい。一般に，顧客が取引先を変更する場合に多額のコスト（営業経費などすべて）が必要であるということは，逆の見方をすると顧客のロイヤリティが高いということである。そのような顧客は取引先の変更が行われるということは少ないと予想され，自社との取引に変更したあとには長い取引期間を期待できる。

流通チャネル（販売網）の確保が必要な場合には，流通チャネルの変更によって参入可能かを検討する必要がある。バブル以前に比べると，現在は既存の流通チャネルだけでなく，代替手段を得ることが可能になったと思われる。特にインターネットの発達によってeマーケットによる顧客との直接取引きが可能になり，販売網（特に代理店）の有無は障壁としては小さくなってきたといえるであろう。また，既存の流通チャネルの競合との協業も方法として考えられるであろう。

既存企業にコスト面の優位性がある場合には，製品を自社よりも安価で市場に提供できるということである。つまり価格競争に突入しても，自社よりも低い市場売価で利益を上げることに対して可能性があるということである。このような状況でも自社が市場に参入する場合には，競合他社の製品にない市場要求のある特徴的な機能や付加価値を有することが競争のために必要である。同一製品種で市場に参入する場合には，コストの低減に対して従来の方法とは異

なる方法を見い出して競争力を有することが必要になるであろう。

参入に対する政治的な規制がある場合には，法的拘束力が強いので規制緩和になる状況まで準備することに注力するほうがよいであろう。

〔2〕 **競合状況** 現在，すでに同一業態・市場で競合と認識されている企業全体としての動きを考える。

以下の項目に該当するとその市場は競合が厳しいといえる。
・同業社数が多く同規模の会社が多い。
・業界の成長が遅い。
・固定コストが高い，または在庫コストが高い。
・顧客が取引先を変えてもコストがかからない。
・生産量を小幅に増やすだけで過剰在庫の状態になる。
・その市場から撤退するには障壁が大きい。

競合状況に関しては，上記の項目のうちの2つについて検討してみる。選択した2つは，筆者らの経験上，事業運営が非常に難しいと思われる項目である（もちろん，ほかの項目も簡単であるとは思わないが）。

生産量を小幅に増やすだけで過剰在庫の状態になるのは，供給が需要を上回ってしまうためである。小幅で過剰になるというのは，市場そのものが小さいかもしれない。このような状況で，競合に勝ち，かつ収益を伸ばすためには，製品の利益率を向上させることを検討すべきであろう。

その市場から撤退するには障壁が大きいという状況は，経営的には非常に困難である。すでに投資した資源の回収が終了していないかもしれないし，その場合には投資分の回収は達成したいであろう。代理店契約で販売網を形成している場合には，自社だけでなく取引先の事業の継続可否にまで影響するかもしれない。したがって，新規参入する以前に，撤退シナリオが作られていることはリスク回避には重要である。あまり撤退に関する参考書は見当たらないが，参入した市場からの撤退は非常な困難を伴うことが多い。専用工場を建設し，その工場で働く人を集めて事業を始めても，撤退のときには工場の転用や，労働者の別の業務への転換または解雇など，経営者だけではなく，地域・労働者

個々にまで大変な負担がかかるのである。

〔3〕 **代替品/代替サービス**　他業界の同様ではない製品/サービスによって間接的に影響を与える企業の動きを考える。

競合する意図がない場合でも，競争ルールが変化することで，大きな脅威となる場合がある。有名な実例として，湖に張った氷の保存・販売業者に対する代替品は冷蔵庫である。また，洗濯石鹸のいらない洗濯機は洗濯石鹸の代替品と考えられる。

代替品/代替サービスは，直接的な競争相手として表面化しない場合があるが，自社の事業基盤を崩壊させることが多い。特に自社製品の市場シェアが高く，自社の事業が単一の製品に依存している状況では，つねに代替製品や代替サービスの出現に目を光らせていることが重要である。

〔4〕 **顧客・買い手**　自社にとって「顧客」とは誰なのかを定義（整理）する。最終消費者に限らず流通・卸などの中間業者が同時に顧客である場合があるし，逆の場合もある。

顧客は値下げを要求したり，より良い品質やサービスを求めたり，業界内の競争関係に影響を与える。以下の項目に該当すると，その市場は顧客が強い（買い手市場）といえる。

・顧客は固定していて大量購入する（その顧客しか買わない）。

・顧客が購入する製品/サービスが顧客のコストや購入物全体に占める割合が高い。

・顧客が購入するのは標準品や差別化されていないもの（どこからでも買える）。

・顧客が取引先を変えるのにはコストが安い（容易に他社に変えられる）。

・顧客の購買物が顧客の製品/サービスの品質にほとんど関係ない（どこの製品でもよい）。

・顧客が十分な情報を持っている（最終ユーザの情報を握っている）。

顧客との関係を分析することは重要である。自社の立場で考えると，買い手（顧客）は，自社の製品/サービスを選択して他社の製品/サービスを選択しない

ということが好ましいのであるが，差別化されていない製品/サービスは価格競争になることは明白であろう。したがって，製品/サービスの差別化は，売り手市場とするためには重要な要因である。

〔5〕 **サプライヤー（供給業者）・売り手**　部品，原材料，および事業のインフラを供給している企業全体としての動きを考える。

サプライヤーは，値上げや品質低下などによって買い手に対して交渉力を行使する。買い手がコストの増加を自社製品/サービスの値上げで補えない場合，サプライヤーの交渉力は大きな脅威になる。自社の製品に特殊な部品を使用している場合などを想定するとわかりやすいであろう。

自社の製品は，高い性能と多様な機能で市場に多く受け入れられ，高いシェアを有しているとしても，その性能と機能が製品中の特定の機能部品に依存している場合には，製品力は特定の機能部品に依存していることは明白である。この機能部品が，自社の独自技術ではなく，他社からの供給品である場合には，売り手（サプライヤー）に有利な交渉が行われるのは自明であろう。

以下の項目が該当すると，その市場はサプライヤーの力が強い（売り手市場）といえる。

・サプライヤーの業界が少数の有力企業からなり，顧客の業界よりも集約的（ほかからは手に入れにくい）である。

・顧客の業界がサプライヤーにとって重要な顧客ではない（いつでも他社に注力できる）。

・サプライヤーの製品が顧客の事業にとって重要な仕入れ品（ほかからは買えない）である。

・サプライヤーの製品が差別化されていて，ほかの製品に替えると買い手のコストが増加する。

自社製品を市場で販売していく場合，購買部品は多くのサプライヤーの選択が可能で，差別化された部品は自社で供給可能，または制御可能な状況を作り上げることが事業に有利であることは理解できるであろう。

4.5.2 収集したトピックスを各ボックスに記入

筆者らは**表4.13**のようなフレームで整理することが多い。

表4.13 5F分析ワークシート

サプライヤー	新規参入	顧客
・アウトドア業者 ・ごみ収集業者 ・納入業者(米屋,酒屋,…) ・農家 ・飲食店 ・電力会社,水道,ガス ・インターネット・IT業者 ・従業員 ・建設業 ・運輸系企業	・スノーパーク ・不動産（海外の企業） ・インターネット販売(宿泊予約) ・大型店 ・観光めぐりバス ・美術館めぐりバス	・レジャー客 ・修学旅行(生徒,旅行代理店) ・地域顧客が多い ・季節による変化 ・建設関係の顧客 ・観光客,消費増大,ビジネスマン ・人事異動に伴う消費など

競合状況	代替案
・近隣のホテル ・ほかの観光地域 ・近郊の海外リゾート ・建設業他社 ・近隣の大型店 ・国内・海外旅行,テーマパーク	・新テーマパーク ・都市型リゾート施設 ・ホームシアターの普及 ・グルメ,温泉ばやり ・めんどくさい(重装備) ・屋内スポーツ施設の充実

5F分析の各項目に対してトピックスを整理する。このように整理すると，現在の事業の内容や範囲，競合および新規参入による事業を脅かす存在，などについて漏れがなくなる。

初期の段階では，いい方が異なるだけで重複することもあるが，導出の漏れを避けるために注意すべきことはすべて出し尽くしてしまうことが重要である。一度，ボックスが埋まったら，ボックス項目の分類が正しいかどうか，あるいは書かれている内容の重複がないかどうか，などに目を向けて整理し直せばよい。

4.5.3 分　　析

手順1：各項目に対して，優先順位（重要度）を考える。
手順2：ストーリーの流れをわかりやすくするために，「現在」と「今後」の2つの視点を持ちながら考える。
手順3：キーメッセージと各項目のつながりを確認する。
手順4：キーメッセージを導き出す過程に，疑問となった項目について集中的に情報収集を行う。

4.5.4 そのほか

5F分析のフレームワークは，上記で示したような市場全体の傾向をつかむ使い方のほかにも，すでに顧客が特定しているような場合，その顧客に対する競合企業の明確化と，その競合企業の強みや新規参入業者などを洗い出すことに利用できる。

また，各分析結果をもとにした戦略策定によって，どのように状況が変化するのかを確認することも必要である。

4.5.5 5F分析事例

表4.13には，ある観光地の分析として5F分析を用いた事例である。しかし，地域を特定できないように，各項目の内容に修正を加えていることをお断りしておく。

ここでは，サプライヤーとしてアウトドア業者や飲食店，電力会社など生活およびインフラにかかわる業種を挙げている。新規参入としては，地元企業・団体ではない大型店の進出や，観光めぐりバス・美術館めぐりバスとともに，海外企業を挙げている。

顧客には，観光客，修学旅行客，地域顧客のほかに，企業など組織の人事移動によるビジネスマンなどが挙げられる。競合には，近隣のホテル，ほかの観光地域，近郊の海外リゾートなど観光資源を有するほかの地域と，金額的に比較対象になる近郊の海外リゾートなども挙げられている。事業の発展・継続を

分析するときには，地域特性が似通っているようなリゾートを抽出して終了してしまう場合が多いが，顧客のニーズを正確に想定することで，正しい競合の姿が浮かび上がってくる．

代替案として挙げられているものを見ると，まったく正反対の都市型リゾート施設やホームシアターなど，生活空間に密着した状況で楽しめる方法が挙げられている．映画館がレンタルビデオによって顧客の求心力を急速に失ったように，代替手段に対抗しうる魅力が必要なのである．また，屋外施設は環境に左右されやすいという弱点があることから，屋内スポーツ施設の充実などが抽出されている．

分析したワークシートを眺めると，単一の屋外施設とスポーツや大型団体客だけで観光地営業が可能であるとは思えない．余暇を徹底して楽しめる施設（美術館，屋内スポーツ施設，温泉など）とグルメ指向に応える飲食関係の充実が必要なことが想像できる．詳細は4.6節の3C分析以降で明確になっていくのであるが，5F分析を正確に行うことでも自社の問題の輪郭がはっきりし，対策案も創造可能である．

4.6　3　C　分　析

3C分析とは，3つのC（自社・競争相手・顧客）の関係を整理し，分析するフレームワークである．先の5F分析で抽出した顧客と競合状況を詳細化するとともに，自社の強みと弱みを抽出する（図4.4）．

ここで抽出した強みと弱みは，つぎのSWOT分析の強みと弱みに対応する．特に顧客を間にして，自他社の強みと弱みを知ることは，事業展開においては非常に重要である．自社の強みと弱みを知らずに，無謀な事業計画を立案し，実施していくことは，成功はおろか，事業継続も難しいであろうし，競合の強みと弱みを知ることで，自社の事業展開に不利な状況を避け，より有利な状況を作るように展開していくこともできるであろう．

4.6 3C 分 析

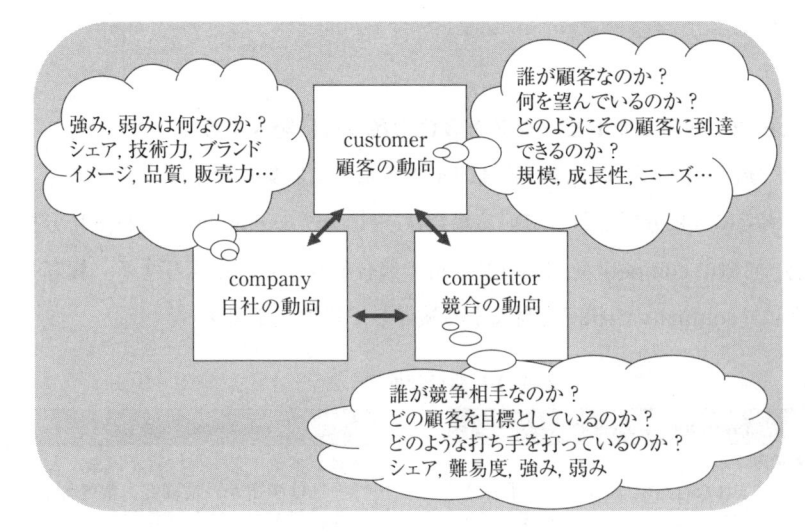

```
強み, 弱みは何なのか?        誰が顧客なのか?
シェア, 技術力, ブランド      何を望んでいるのか?
イメージ, 品質, 販売力…      どのようにその顧客に到達
                             できるのか?
                             規模, 成長性, ニーズ…

            customer
            顧客の動向

   company           competitor
   自社の動向          競合の動向

        誰が競争相手なのか?
        どの顧客を目標としているのか?
        どのような打ち手を打っているのか?
        シェア, 難易度, 強み, 弱み
```

図4.4 3C 分 析

4.6.1 3Cの各項目を定義する

company ：分析の対象となる企業（自社・自己の組織）。

customer ：最終消費者，流通・卸などの中間業者を含む顧客の動向。
「customer」とは誰なのかを具体的に再定義（整理）する。

competitor：今後，同一業態・市場で競合する特定の企業または業界。

上記の各項目は，companyを分析するときには，自社の事業構造を見わたしたときに協力企業も含む場合がある。しかし，必ずしも自社ですべてを制御することが可能ではないため，協力企業と自社との事業構造における役割や位置づけに注意しておくことが必要であろう。

customerは，定義事項にもあるように，直接の取引きが中間業者の場合もあるが，必ず最終顧客についての要望・動向を知る必要がある。

competitorについては，自社の参入している（または参入する）市場で競合する企業全体が対象であることが重要である。特に，自社が複合技術に支えられる製品/サービスを事業としているときには，新たな競合がまったく従来とは異なる製品/サービスを提供することがあり，市場構造が変化する原因とな

4.6.2 収集したトピックスを3Cの各項目に記入する

5F分析で行ったように，**表4.14**の各項目に収集したトピックスを記入する。すでに5F分析を行っている場合は，3C分析のcustomerには5F分析の顧客，同様にcompetitorには5F分析の競合他社の項目を複写する。複写したあとに，companyの状況を見ながら検討して追加・変更する。

表4.14 3C分析ワークシート

company, country（自社）	customer（顧客）
●強み： ・恵まれた自然環境，特産物，農作物 ・工芸作家，画家などの芸術家が居住 ・偉人・著名人の痕跡・足跡 ・町おこしプロジェクトが始まっている ●弱み： ・固定したスポーツ/観光のイメージが強すぎる ・天気が悪いというイメージ ・地域コミュニケーションがあまりない ・イベントが単発で実施され連携されていない ・観光に対するカネの流れが一本化されていない ・PR不足 ・情報発信に時間がかかる ・商工業，農業，観光業の協力がない ・イベントの方針・方向がはっきりしていない ・観光地を売り物にしている基本姿勢ができていない	●ビジネスマン：男性客がほとんど平日は満室か長期滞在。常連客が主体。望んでること（者）： ・利便性（清潔な客室，飲食店に近い） ・つねに同じ宿にしたい（なれてくる，面倒くさくない，家族的待遇が嬉しい，割引率の向上） ・ストレス解消 到着する方法： ・仕事がある ●体験したいお客（全年齢層） 望んでること（者）： ・非日常的な体験 ・情報が少ない ・新しい発見をしたい ・感動したい ・景色

competitor（競合）
・共通観光券 ・近隣の観光地域 ・単一リゾート群

companyの分析を行う場合，強み・弱みで分類する。このときに，可能な限り客観的に自社を俯瞰することが必要である。往々にして，楽観的な判断をしたり，必要以上に悲観的になったりするケースが多いが，成功するための方策

4.6 3C 分析

を立てる場合，客観性を前提にして組み立てていくことである。

書式は，先に示したものでなくても構わない。場合によっては4.6.4項で示す表4.15のように3C分析と事業との表形式に記載して，トピックスを特徴的なことや一般傾向に絞って記述することもある。この書式であれば，3C分析の各項目（市場動向や顧客ニーズなど）について，自社の事業を対応させながら進めることができる。

場合によっては，後述する表4.15の書式で，それぞれのクロスポイントに着目する方法もある。この書式を用いた場合には，company, customer, competitor の組合せによって，それぞれの関係を整理することもできる。

これらの書式は，実際に分析される読者が自分の使いやすいものを選択されるとよい。分析を経験していくと，自分のスタイルに合致したものを用いるようになる。

3C分析を行う過程において記述事項に不明瞭な事柄が現れたり，正確に記述されていないと感じた場合には，5F分析のワークシートやマクロ分析の結果と比較して論理的な整合がとれるまで繰り返し行うことが重要である。3C分析を行っていると，5F分析の各項目の不適合を見つけることもある。このようなときには，5F分析の修正に反映して精度を高めていくことが重要である。

4.6.3 分析する

手順1：各項目に対して，優先順位（重要度）を考える。

「customer」
・誰が顧客なのか。
・何を望んでいるのか。
・その顧客に到達するための方法は何か。…，など

「competitor」
・強み，弱み，機会，脅威は何か。
・どの顧客を目標としているのか。

・どんな打ち手を打っているか。…，など

「company」

・強み，弱み，機会，脅威は何か。
・自社に関して思いつくすべての項目を書き出す（ここでは，強みなのか，弱みなのかはあまり考えなくてもよい）。

手順2：各項目の関連性を確認しキーメッセージを導き出す。

手順3：キーメッセージを導き出す過程で，疑問となった項目について集中的に情報収集を行う。

4.6.4 3C分析事例

本項では，事例を用いて具体的に説明を試みる。

表4.14は，4.5.2項で示した表4.13の5F分析の対象を3C分析で分析した結果である。まず，自社（company, country）の項では，強みとして自然環境，特産物・農産物のように地域が持つ有利な地域特性が挙げられ，工芸作家・画家などの芸術家が居住しているという，創作の適性地域の一面もあることが示される。

一方，弱みとして，スノースポーツに固定されたイメージと，豊富な積雪が，逆に悪天候の負のイメージを持つことが挙げられる。観光産業構造として地域を見たときに，単発的なイベント企画や地域のコミュニケーションの不足，PR不足，地域産業間連携の不足などが，また，産業として地域全体を見たときに，各組織間の連携がとられていないという不具合が抽出されている。

顧客は，男性のビジネスマンが中心で，利便性や定宿化の傾向があり，家族的雰囲気を好む傾向が見られる。一方，全年齢層では，非日常的な体験を期待し，景観を楽しみたいという希望が見られる。companyでも見られた情報入手方法が少ないことが挙げられている。competitorは，近隣の観光地域や単一のリゾート関係を挙げた。

この分析結果を見ると以下のように，いくつかの優位性と問題が表面化していることがわかる。

4.6 3C 分析

優位性：

① 地域自体の観光資源は豊富であり，季節を問わず集客の可能性が見込める
② 地域に密着した芸術家の存在など，文化度の高さを示している
③ アウトドアスポーツとしての知名度
④ 平日でも長期滞在客が多い
⑤ 景観
⑥ 地域特産物，農産物

問題：

① 地域のコミュニケーションが良好でなく，共同で顧客への総合的なサービスができない
② 情報発信が少ない，PR 不足
③ 悪天候のイメージ
④ 地域産業の協業体制がない
⑤ 近隣リゾート，観光地，イベントなどの競合による脅威がある

これらの結果より，地域共同体を確立し，観光を基盤とした産業としての方針設定と推進体制を作り上げることが必要であることがわかる。情報発信・PRの不足は，体制化することにより改善されることが可能であると予想できる。

一方，長期滞在客が多く，ビジネスマンが業務で滞在しているなどの事項から，家庭的な宿泊および接客と，非日常的なリゾートシステムとを共存させることが競合に対して優位性を持ち得る方法と考えられる。

表 4.15 には，大学発ベンチャーの 3C 分析結果を示した。表の各列には，経営陣の経歴から事業化可能なものを想定して挙げている。大学の研究成果リソースとしては情報系である。この分析ワークシートでは，市場動向や顧客ニーズ，潜在顧客と事業機会に分類して分析する。競合に関しては，特に勝ち組企業の勝っている理由を分析するように努めている。

company の項では，経営陣の経歴で顧客ターゲットの分散が発生しないように，大学の成果とリソースを徹底活用することが挙げられた。また，経営陣は

表 4.15　3C分析のそのほかのワークシート事例

分析対象 (3C)	事業分野	コンサルテーション ・システム＆セキュリティ ・観光開発 ・地域振興開発 ・公共団体／道庁／市町村	ソリューション開発事業 ・システム研究開発受託 ・ソフトウェア研究開発 ・マーケティングリサーチ	広告・宣伝・出版事業 ・カタログ／パンフなどの製作および印刷 ・出版および広告等請負 ・会議等催事に関する企画運営など
customer ↓ 道内経済は冷え込み，効果的かつ低価格な方法／物を期待している	1. 市場動向	・農業関係の気象コンサルテーションや建設土木関連市場が若干存在	・中小企業は自社システムに高額な投資をしなくなってきた	・景気の低迷で市場は低迷傾向
	2. 顧客ニーズ	・システム費用の低減 ・地域／道内観光の振興策 ・競合差別化方策	・効果的なマーケティング方法 ・収益性の高い自社製品の開発	・最小費用で高い効果を期待 ・ワンストップサービス
	3. 潜在顧客	・道庁／市町村役場，商工会議所 ・ホテル，商店街（狸小路など）	・収益の上がっているソフトハウス ・B to C ビジネス中心の中堅企業	・市町村，各種組合など
	4. 事業機会	・改革熱意ある市町村役場など ・経営未成熟な高収益企業	・（各自の）チャネルを生かした相談発生時の解決提案	・学会や大学，企業間研究会などの研究会
competitor ↓ 積み上げ実績とキャッシュフローの強みを生かして受注を確保している	1. 勝ち組と要因	・土木系では道庁とのパイプがある企業 ・助成／補助事業の獲得	・規模大きめの企業（道庁への入り込み）	・占有がなく小規模企業のせめぎあい ・大手固定顧客獲得
	2. 競合他社は？	・自社ターゲット市場では道外の大手システムインテグレータ／コンサルティング企業	・システム系は大手企業 ・マーケティング系は先行企業など	・大手の支店 ・学会関連の受注の長いところ
	3. 競合の強みと弱み	・土建業内での信用，一方では補助金，交付金の低減がある	・道庁との強力な関係 ・コスト競争力の低下	・強い社内／グループ内リソース ・効果的な提案力が弱い
company ↓ ターゲットの分散化に注意し，大学の成果リソースを徹底活用。専任社員不足の対応策が必要	1. 自社ポジショニング	・大学，現存関係企業とのつながりで開始は有利	・30年以上の大学の研究成果が自由に使える	・情報収集容易，コスト低い
	2. 自社の目標	・コア事業を早期に確立する ・ユーザ認知度を高める	・顧客の潜在ニーズを吸い上げた研究成果の"商品化"	・知名度，信頼を得る
	3. 自社の強みと弱み	・研究室のハイレベルなリソース，各種事業で20年以上の経験 ・ターゲット分散化傾向強い	・研究結果への投資費用負担小 ・商品化人材リソース／資金の不足	・経験が豊富 ・専任営業リソースがない
	4. 強みを生かした事業機会	・高度技術／研究領域に該当するソリューション案	・研究成果／やれることのアピール，宣伝で顧客獲得を図る	・研究会，学会などを有効に利用

官公庁とのパイプを有しているため，地域観光の振興策の提言を行い，調査事業への参入を考えている。ソリューション事業は，大学の研究成果が情報系であることから，高度情報処理技術をもとにして，効果的なマーケティング手法の開発や集客・予約システムのモデリングなどの可能性を示唆している。

　customer は多岐にわたっている。特に観光情報をコア・コンピタンスとして，地域振興策を検討している各地域やワンストップ予約システムを希望するホテルなどの宿泊業を想定している。

　competitor は，大手ソリューションプロバイダー，大手印刷企業の支店，大手コンサルティング企業の支店などの既存企業が考えられた。

　これらの分析から，以下の優位性と問題が導き出される。

優位性：
　① 大学の高度情報処理研究成果を流用して，研究開発期間が短縮できる
　② 大学の先端研究成果を PR することで，企業経歴を抜きにした商談が可能になる
　③ 経営陣の経歴が多様であり，複合ソリューションを顧客に提供できる
　④ 官公庁とのつながり

問題：
　① 専任者が不在のため，計画的な実施運営が難しい
　② 設立直後のため流動資産に乏しい
　③ 経営陣が多様なため，ターゲット顧客が分散する懸念がある
　④ 既存企業との事業経験格差

優位性と問題を分類した結果を総括して検討してみよう。

　大学発ベンチャーの最大の優位性は，研究成果と研究リソースである。一般に製品/サービスの研究開発には，多額の資金と長い開発期間を要する。ベンチャー企業が資金をショートする大きな理由は，設立後の人件費負担と製品/サービスの開発資金が不足することが多い。この点，すでに優位であることがわかる。

　また，企業や公的機関との共同研究実績を有している場合には，そのまま新

規設立企業の顧客に展開する可能性が高い。そして，経営陣の多様な経歴を有効に用いることを可能にして，事業機会を増やすことを見込むことができると予想できる。

ただし問題は，専任者不在で兼業のために，生業重視にならざるを得ないことである。その結果，新たな会社に掛ける十分な時間を確保することが難しい。また，設立して間もないため，流動資産の不足はつねに注意が必要である（しかし，専任者が不在のため，資金が人件費に消費されることはない）。

最後に，やはり新規参入障壁があり，既存企業の経験・実績をくつがえすためには，自社の特徴を最大限生かしていくことを考える必要があるであろう。

本項では，コンサルテーションの現場における現実の分析結果の事例を示し，分析内容について説明をした。3Ｃ分析一つでも，さまざまな優位性の抽出や問題の抽出が可能であることの一端を紹介できたのではないかと思う。

自・他社，顧客を分析するときには，必ず，「自社 ⇔ 他社」，「自社 ⇔ 顧客」，「顧客 ⇔ 他社」の関係を客観的に調べることである。ただし，他社の経営分析の詳細がはっきりしない場合がある。取引先や経営状況などは，ホームページや公開される（株式会社では）P/L，B/Sから判断できない場合が多い。これらの情報は，業界紙や団体・組合などの集会などでこまめに収集していく必要があるであろう。この分析に加えて，マクロ環境分析や5Ｆ分析を参照しながら，次節のSWOT分析に進めていく。

4.7　SWOT　分　析

SWOT分析とは，企業の「強み」，「弱み」により「現在のポジショニング」を，「機会」，「脅威」により「将来の戦略的可能性」を明確にし，分析するフレームワークである。

3Ｃ分析で抽出したcompanyの強みと弱みの項目を，SWOT分析のそれぞれのボックスへ分類する。また，5Ｆ分析とマクロ環境分析で抽出した外部要因を，機会と脅威のボックスへ記入する（図4.5）。

4.7 SWOT 分 析　　141

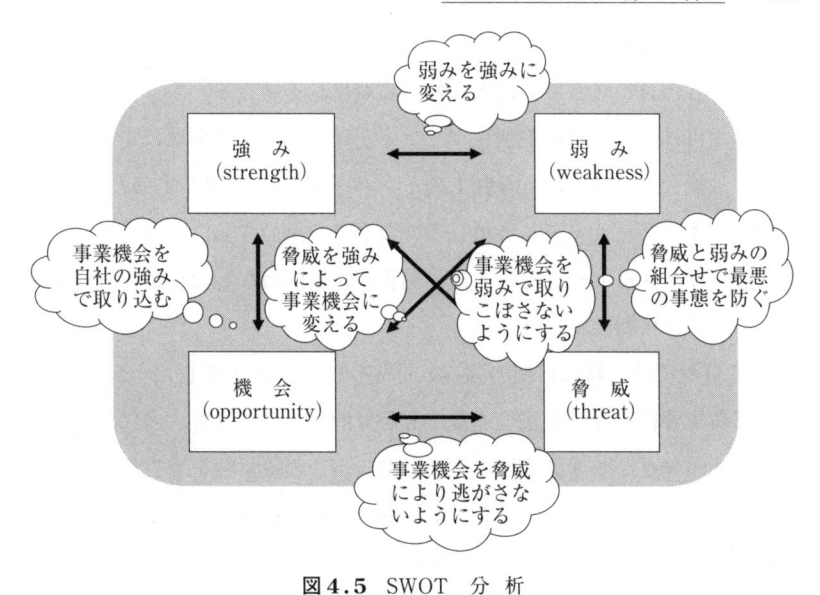

図4.5 SWOT 分析

(図中テキスト)
- 強み (strength)
- 弱み (weakness)
- 機会 (opportunity)
- 脅威 (threat)
- 弱みを強みに変える
- 事業機会を自社の強みで取り込む
- 脅威を強みによって事業機会に変える
- 事業機会を弱みで取りこぼさないようにする
- 脅威と弱みの組合せで最悪の事態を防ぐ
- 事業機会を脅威により逃がさないようにする

4.7.1 各ボックスを定義する

自社の特徴のうち，競合優位なものは「強み」，競合優位でないものは「弱み」とする．将来のビジネス環境の特徴のうち，好ましいものは「機会」，好ましくないものは「脅威」とする．

4.7.2 収集したトピックスを各ボックスに記入する

3C分析で抽出した項目に加えて，自社を取り巻く状況を挙げていく．自社に関するすべての項目を出し尽くしたあとに，それらの項目が，強み，弱み，機会，脅威のいずれに属するかを検討して決定する．最初から，強み，弱み，機会，脅威で考えながら抽出してもよいが，この方法を用いるほうが項目の抽出に集中することができる．マクロ環境分析と3C分析を用いると，自・他社の差別化ポイントを抽出することが容易になり，さらに外部要因はマクロ環境分析から抽出可能であるから，機会と脅威を選別してボックスに記入していく．

4.7.3 分析する

手順1：各項目に対して，優先順位（重要度）を考える。

　強み：自社と競合との差別化ポイントが何であるかを明確にする。

　弱み，機会，脅威：最も経営上のインパクトが高いと思われるものを選ぶ。

手順2：キーメッセージと各項目のつながりを確認する。

手順3：キーメッセージを導き出す過程に，疑問となった項目について集中的に情報収集を行う。

　SWOT分析では，特に自社の強み・弱みを知るための内部分析と，機会・脅威の外部環境分析を導いて整理することが目的である。通常，内部分析を行う場合，自社の欠点ばかりに着目することや，自社の優位性を重視して不利な状況には目を向けたくないものであるが，内部分析を行う場合においても競合との比較を客観的に行うことが重要である。

　外部環境分析においては，現時点では自社の事業の脅威に該当しないと思われても，市場環境の変化によって自社に不利な状況が増幅する場合がある。したがって，脅威を分析検討する際には，必ず，どのような市場環境の場合についてかということに注意しなくてはならない。機会も同様に，現在，機会としてとらえているインパクトポイントが見つかっても，何らかの状況で機会を失うことが推測される場合には，その点を注釈として残しておくなどの注意が必要である。

　SWOT分析で実際に使うフォーマットに定型的なものはないが，5F分析と3C分析から，自社の強み・弱みという内部に関する項目と，事業機会・脅威という外部環境に関する項目について，自社の状況を整理して，まとめることができればよい。**表4.16**は，その一例である。

　SWOT分析を行う場合には，漫然と項目を埋めるのではなく，自社の事業に対するインパクトポイントの大きさに注意しながら進めるとよいであろう。特に，事業機会の損失は，競合への事業機会の移行となる場合があるので，事業機会を機会としてとらえたときの実行判断基準を，あわせて討議検討しておくとよいであろう。

表4.16　SWOT分析ワークシート

強み（strength）	弱み（weakness）
・雪質（パウダースノー，新雪），スノースポーツ，山，清流な川 ・特産物・農作物 ・体験メニューが豊富 ・エリアのタウンとして形成されている ・世界トップレベルのスポーツ施設 ・多種多様な草花 ・偉人，著名人の痕跡，足跡 ・各種のスポーツ施設 ・鉄道 ・ガイド団 ・有名な山菜 ・多種多様な芸術家がいる ・町の将来を検討するプロジェクトが始まっている。	・商工業，農業，観光業の協力ができていない ・観光に対するカネの流れが一本化されていない ・イメージが固定している ・天気がわるいというイメージ ・町の中でのコミュニケーションがあまりない ・イベントが単発連携されていない ・強いところをうまくPRしていない ・情報が共有化されていないので，情報発信するのに時間がかかる ・イベントの方針・方向がはっきりしていない ・観光地としての基本姿勢ができていない ・空港からの地の利がほかの観光地より悪い
機会（opportunity）	脅威（threat）
・外国人客に注目されてきている。 ・アウトドア体験のマスメディアへの露出 ・町村合併 ・観光立国構想 ・SLが休日に走っている ・インターネットの環境およびポータルサイト ・温泉ブーム ・中高年のトレッキングブーム ・ITチャレンジ事業で題材になった ・余暇時間の増加	・趣味の多様化 ・安価な海外旅行 ・非日常的な時間の過ごし方 ・ほかの地域の共通券化 ・不況 ・少子化 ・交通インフラ整備の遅れ ・災害の風評被害

また，**表4.17**のようなフォーマットによってまとめる場合もある。これは，SWOT分析の4つの項目をまとめる（表中の実線の矢印）ほかに，内部分析と外部環境の交差から得られる新たな項目や傾向がある場合，まとめる（表中の破線の矢印）方法である。表4.17は，表4.15で紹介した大学発ベンチャー企業のSWOT分析結果である。

このようにして整理すると，どのような状況で自社の弱さが露見するか，また，どのような状況を作ることができれば，自社の優位性を強化できるかがわかる。また，このときに項目の関係を結んでおくと，それぞれの依存関係がわかって成功要因を導出するときに作業負担が少なくなる，と同時に単独で抽出

表 4.17 クロス SWOT ワークシート事例

表中の ■ は内部および外部の分析,■ は内部および外部の交差分析

		外部環境分析	
		3) 機会(opportunity) 1. 行政(国・道庁)のベンチャー支援が本格化 2. 大学へのオファー=ビジネス 3. 多国籍事業が緩和されてきた(中国の可能性が高い) 4. 異業種の組合せによる新ビジネスの可能性が増加	4) 脅威(threat) 1. (一般)消費者経済の冷え込み 2. 先行関連事業(競合)企業の攻勢(新規サービスなど)
自社分析	1) 強み(strength) 1. 大学の研究成果を自由に使える 2. 大学の人材リソースを利用可能 3. 宣伝・広告,ソフト開発など,十分な経歴のプロの集団 4. ニュースなど話題性の提供可能なソースを多数あり 5. 北海道内外・市内に協力者(社)多数あり 6. 北海道大学のネームバリューを使える	積極的攻勢 ◎ 1. 大学の研究成果を製品・サービスにして販売自社HPサイト,研究会,セミナー,ニュースリリース,学会等で紹介しビジネスチャンスにする 2. 行政の支援策・助成事業への公募申請で開発コストを得る。(中国の大学との共同研究事業) 3. 研究会・商工会議所に働きかけ,セミナー開催で集客および見込み客育成を行う (研究・経営ノウハウを換金する事業を行う ⇒小冊子の発行)	差別化戦略 ○ 1. 市場/顧客が自分たちを簡易に見つけ出せる方法を至急作り上げる 2. 研究成果の実装/具体的な適用事例サンプルを紹介し,ユーザ選択を容易にする 3. 研究開発,旅行/観光,広告/宣伝,ソフトウェア開発,コンサルテーションで,それぞれ最低1個の"差別化された特徴的な商品イメージ"を提示する すみやかにユーザ・市場に効果的に認知してもらう!
	2) 弱み(weakness) 1. キャッシュフローが脆弱 2. 主の事業が決まっていない 3. 見込み客が少ない 4. 資本が少なく大規模案件の受注はできない 5. 専任制がとれず対応策が必要	段階的施策 △ 1. 研究成果の特許化⇒IPビジネスの可能性検討要 2. 大手企業で共同研究先の取引企業の紹介を得る 3. 専任不足解消 4. 大規模案件のときの受注方法の確立を行う ⇒協業先の探索,銀行など運用資金繰り,相談先探し	専守防衛または撤退 ✕ 1. キャッシュ回収期間の長い受注はしない 2. 回収不確実な受注はしない 3. キャッシュ回収時間・期間で受注可否を決定 4. 先払い事業を中心に進める(会員制など)

ファインディング

研究および業務スキルの外販性は高い。ただし,会社の持つリソースと各自の経歴を効果的に事業化する方法が構築されていないため,事業に転換するターゲットを明確化する必要がある。一方,現状のリソース・成果物の精査を行うことで,事業化の早いものが多数存在する可能性がある(APS:スケジューリング/意思決定システム:構造表示プログラム/MA:Multi-Agent System/観光情報システム研究)。

された事項か，複合要因を示しているのかが明示できるため，あとに続くCSFの抽出整理のときに不整合を避けることができる．

4.7.4 SWOT分析事例

本項では，SWOT分析事例の説明をする．

表4.16に示したSWOT分析結果は，表4.13および表4.14で示した，ある観光地のSWOT分析結果である．

この分析では，強みとして，良質な雪，スノースポーツおよび世界レベルのスポーツ施設，清涼な川や山と草花，特産物があるなど，地域の特性がそのまま強みとして挙げられている．また，町おこしプロジェクトなどの試みも特徴的な差別化要因であろう．

一方，弱みとしては，地域の異なる業種間での協力がないことや，観光の産業化と基盤整備の遅れ，これらに伴うイベントの不備が挙げられている．さらに，情報の共有化不足と発信の遅れ，天候が悪いというイメージや交通環境の遅れが導出された．

事業機会としては，海外からの観光客にも注目されて顧客層の拡大が期待できることや，アウトドア指向や余暇時間の増加による集客の増加の可能性，SLの運行などが挙げられる．

脅威としては，趣味の多様化による観光客の減少，安価な海外旅行，不況，火山噴火の風評被害などが導出されている．

この分析結果を振り返ると，非常に多様でかつ広範囲に抽出項目を精査してボックスに記述していることである．これらの分析結果から，優位性と問題を整理すると，以下のようにまとめられる．

優位性：

① 地域特性を最大限生かしたスポーツ環境と，特産物・農産物をすでに有している
② 海外まで紹介され，外国からの集客増加が見込める
③ 四季を問わず優れた景観や自然環境がある

④ 温泉・食事および有名な山菜

問題：

① 海外旅行との比較が行われ，顧客に魅力を伝えなくては集客増につながらない

② 地域の異業種間協力が少ない

③ 観光を産業化する基盤が脆弱である

④ 空港，都市部からのアクセスが不便

この分析から，この地域がさらに発展して観光産業を展開していくためには

① 地域全体で観光産業を理解し，異業種間の協業体制を確立すること。特にコミュニティーの重要性を地域住民および官公庁全体が理解して，産官共同体制を作ることが必要。

② 芸術文化や世界的に通用するスポーツ施設など，情報の集約と発信・PRを地域全体で効率よく行うこと。

③ 鉄道（SL），景観など，四季を問わず集客できる計画的かつ魅力的なイベントの開催を行うことが必要。

④ ①～③を最大限生かして集客努力をし，安価な海外旅行では得られない特徴を作り続けていくことが必要。

というような方策が考えられる。

つぎに，表4.17に示した大学発ベンチャー企業のSWOT分析結果について説明する。

この分析では強みとして，大学の研究成果とリソースの利用可能や，経営陣の多様な経験と実績，および経営陣の協力者が多数存在することとともに大学のネームバリューが挙げられる。弱みとしては，キャッシュの脆弱さや主の業務が決められていないこと，見込み客が少なく，また専任従業者がいないことを挙げている。

事業機会に目を移すと，行政がベンチャー支援を本格的に始めたことや，多国籍事業の可能性が広がっていること，複合経験の展開によるソリューション販売などが挙げられ，一方，脅威としては，地域経済の冷え込みと，先行して

いる既存企業の優位性を挙げている.

　この分析結果を振り返ると，大学の成果とリソースを効果的に用いることが可能であることと，経営陣および経営陣の協力者を含む顧客発掘期間の短縮化が挙げられるであろう.

　しかし一方で，キャッシュフローが脆弱なため，多額の投資が必要な事業の実施ができないことや，専任従業者の不在による実施項目の計画実行性が不安定であることが考えられる.

　事業機会は，従来大学で行っていた研究のIP（知的財産）販売と，複合ソリューションを顧客に提供して問題解決を事業に展開することが考えられる.しかし，既存の先行事業者の優位性や経済・市場の冷え込みは事業の大きな障害要因であろう.

　クロスSWOT分析では，強み・弱み・機会・脅威のそれぞれの組合せで，課題や対応策を検討する方法である.本事例では，強みで機会を生かすために，研究会の開催やホームページの利用によるPRと官公庁・団体へのはたらきかけなどを方策としてあげている.弱みで機会の取りこぼしを防ぐために，投資の小さなIPビジネス，大学のネームバリューを利用して研究成果の欲しい大手企業の確保を行うなどの方法を考えている.

　脅威を強みで払拭するために，研究成果の具体的なサンプルの提示，他社との差別化可能なソリューションの提示を導いている.一方，弱みで脅威が事業基盤を揺るがすことを避けるために，キャッシュ回収期間の長い受注はしない，回収不確実な受注をしない，先払い事業を行うなどの方法で対応しようとしていることがわかる.

　ここで，優位性と問題を整理すると以下のようにまとめられる.

　優位性：

　① 大学の成果の利用により開発期間を短縮する

　② 大学のブランドイメージ効果を利用する

　③ 経営陣の人脈をフルに活用して顧客確保を行う

　④ 研究会などの実施による研究成果の事例をソリューションとして紹介

可能である

問題：
① キャッシュフローが脆弱である
② 経営陣が異業種の集団であるため事業のフォーカスが行えない
③ 地域経済や市場の冷え込みによる発注の減少の可能性が高い
④ 見込み客が少ない

この分析によって，本事例のベンチャー企業が発展していくためには，以下の事項についての方策が必要であろう。

① 大学のネームバリューをブランドイメージとしてPRを行う。
② 大学の研究成果とリソースを十分に活用し，リスクの小さなIPビジネスやソリューションビジネスに展開して投資負荷の小さなビジネスを行う。
③ キャッシュ回収期間の長いビジネスを選択しない。回収確実性の高いビジネスを選択する。
④ 地域市場や経済の冷え込みに左右されない大手企業の研究受注を進める。

というような方策が考えられる。

2つの事例を説明してきた。分析の具体的な方法と，分析から推測できる方策の導出の方法についての理解の支援になったであろうか。企業実務では，分析結果を実行計画に展開して，事業運営につなげていくのである。

〔演習〕
これらの2つの事例を分析してください。
分析結果から，方策を導き出してください。

4.8 課題ツリーの作成

課題ツリーの作成は，論理的思考方法の具体的な方法の一つであるロジックツリーと呼ばれる補助ツールを使うと便利である。これは，いわゆる分類を大項目（大テーマ）から小課題（小テーマ）に分解し分析を容易にすることで，

4.8 課題ツリーの作成

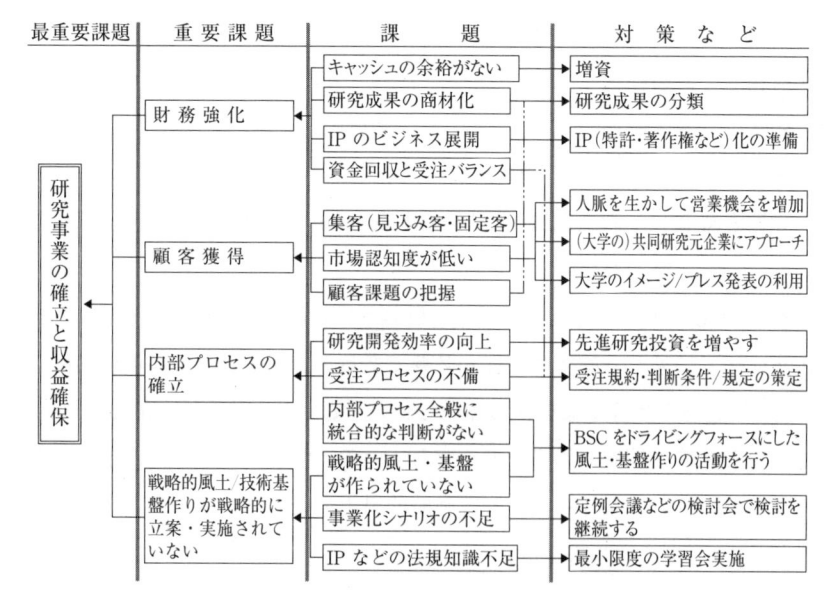

最重要課題	重要課題	課題	対策など
研究事業の確立と収益確保	財務強化	キャッシュの余裕がない	増資
		研究成果の商材化	研究成果の分類
		IPのビジネス展開	IP(特許・著作権など)化の準備
		資金回収と受注バランス	
	顧客獲得	集客(見込み客・固定客)	人脈を生かして営業機会を増加
		市場認知度が低い	(大学の)共同研究元企業にアプローチ
		顧客課題の把握	大学のイメージ/プレス発表の利用
	内部プロセスの確立	研究開発効率の向上	先進研究投資を増やす
		受注プロセスの不備	受注規約・判断条件/規定の策定
		内部プロセス全般に統合的な判断がない	BSCをドライビングフォースにした風土・基盤作りの活動を行う
	戦略的風土/技術基盤作りが戦略的に立案・実施されていない	戦略的風土・基盤が作られていない	
		事業化シナリオの不足	定例会議などの検討会で検討を継続する
		IPなどの法規知識不足	最小限度の学習会実施

図4.6 課題ツリー

個々の項目（課題や対策など）が，それぞれどのような内容に属するのかが理解できるように示したものである（**図4.6**）。

論理的思考方法では，問題・原因・課題・対策がリンクしていてわかりやすい。ロジックツリーには，① Whyツリー（原因），② Whatツリー（内容），③ Howツリー（対策）などがあり，①の場合，ツリーを作成していくと，その原因が何であるかが各詳細項目に分かれて現れてくる。②の場合では，問題の内容が詳細化される。③の場合では，対策案を各項目ごとに立てることができる。

図4.6の課題ツリー分析事例を説明しよう。図4.6は，3C分析で示した事例の表4.15，SWOT分析で示した表4.17の大学発ベンチャー企業の課題ツリーである。

この事例では，あとにBSCのKGI/KPIや戦略マップに適用する予定であったため，BSCの4つの視点に合わせて課題ツリーを作成している。最重要課題は，研究事業の確立と収益確保を挙げている。

重要課題は，BSC の 4 つの視点と同じ分類にして，以下の項目を挙げた。
- **財務**　　財務強化
- **顧客**　　顧客確保
- **内部プロセス**　　内部プロセスの確立
- **学習と成長**　　戦略的風土/技術基盤作りが戦略的に立案・実施されていない

　財務は，3C 分析でも示したように，財務基盤の確立である。顧客は，新規設立企業すべてに通じる顧客の確保が必要であることが示されている。内部プロセスは，経営陣が多様な業種から参画していることと，専任が不在なことから，内部プロセスの早期確立の必要性を感じている。学習と成長は，中小企業を含む組織基盤の弱い企業体に見られる戦略的風土や戦略的な計画の立案・実施が示される。

4.9　CSF の 整 理

　BSC では，戦略目的に沿って事業を成功するための施策策定に注意しながら進めていく。戦略マップを作成する前に行った分析結果を踏まえて，**CSF** を整理する作業を行う。

　成功要因の抽出とは，何をどのように行えば成功するかについて検討することである。一つの方法としては，課題ツリーを作成する際に，対策を同時に導くことである。繰り返しになるが，「課題の解決 = 実施事項の達成」である場合が多いからである。しかし，注意しなければならないのは，課題解決の優先順位や全体戦略の中で，重要な課題かどうかを吟味して選択していることである。

　また，問題と課題は同一ではない。課題は，種々多数存在する問題の中から，解決すべき必要があると定められた問題を課題とするのである。直前にせまっている問題に意識が集中してしまうことは多々あることである。しかし，事業全体を見わたしたときに，果たして，直近で解決すべき課題なのかどうかの判

断は注意して行うべきである。

4.9.1 各項目を定義する

これまでの5F分析，3C分析，SWOT分析で得られた結果を，6つの組合せで分類して重要成功要因を抽出する。各項目は**表4.18**のように定義する。

表4.18 CSFボックスの定義

① 弱みを強みに変える	自社の弱みを強みに転換する方法を導く
② 脅威と弱みの組合せによる最悪の事態を防ぐ	自社の事業にとっての脅威と自社の弱みの組合せの条件になった場合でも，最悪の状態を防ぐ方法を導く
③ 事業機会を弱みで取りこぼさないようにする	せっかくの事業機会を自社の弱みにとらわれて逸しないようにする
④ 脅威を強みによって事業機会に変える	脅威を自社の強みで事業機会に転換する方法を導く
⑤ 事業機会を自社の強みで取り込む	事業機会を自社の強みで取り込む方法を導く
⑥ 事業機会を脅威により逃がさないようにする	事業機会を脅威にさらされたことで取り逃がすことのない方法を導く

4.9.2 収集したトピックスを各項目に記入する

ポイント①：「主語-述語」形式での状況記入が望ましい。
　（例）「強力な代理店網」→「業界内で最も多くの代理店数を保有している」
ポイント②：分析に値するトピックスがない場合は，各項目に「なし」としてもよい。

ポイント①に関して注釈しよう。CSFは具体的な状況が想定できるような記述が望ましいのである。つまり，「強力な代理店網」では，ターゲットの市場・地域範囲などの代理店網の状態が想像しずらいのである。しかし，業界内で最も多いということは，業界の競合他社に比較してということが想像できる。さらに，「強力な」と示すよりも，「最も多くの代理店数」と記述することで，事業展開に必要なことは，業界内の競合他社のどこよりも多くの代理店を有することである，という具体的な目標となるのである。

すべての CSF は，つねに，主語－述語の形式で記述されることで，戦略マップや KGI/KPI を設定・作成するときに具体的な目標値が明示できる。

4.9.3 分析する

手順1：各項目に対して，優先順位（重要度）を考える。
　　　（重要トピックを抽出するときの注意事項）

「強み」：どの「強み」が自社と競合他社との差別化ポイントであるかを明確にする。

「弱み」：以下の3つに分けて考え，最も経営上のインパクトが高いと思われるものを選ぶ。

・表面化していない弱みの兆候はないか？（例：多額の負債，低い収益性，株価低迷など）

・経営インフラに関する弱点はないか？（例：人事施策，情報システム，資金計画，在庫管理など）

・実現し得ない「強み」とは何か？（例：現状では低い市場シェア・生産規模・ブランド認知度など）

「機会」：以下の2つに分けて考え，最も経営上のインパクトが高いと思われるものを選ぶ。

・現在保有している「強み」を生かすことで収益が見込める事業機会は得られないか。増えないか。

・現在は保有していない「強み」を新たに開発することで収益が見込める事業機会を増やすことはできないか。

これらの分析手順をみると，自社の強みによる差別化，経営上にインパクトを与える自社の弱み，潜在的な弱みの抽出，事業機会の増加に着目していることが理解できる。第三世代の BSC で新たに提示された戦略マップの各項目と比較参照しながら CSF を検討することにより，精度の高い CSF の抽出が可能になると思われる。

4.10 戦略マップの作成

4.10.1 戦略マップを用いる目的

　戦略マップとは，戦略を記述するための論理的で包括的なフレームワークであることを1章で述べた．戦略が組織の運営において重要であることは，これまでの説明で十分理解できたと思う．しかし，戦略が立てられても実行されなければ絵に書いた餅である．

　戦略を「組織の活動＝オペレーション」にして，実際の実務レベルに落としていく必要がある．また，実務現場では日々の業務に追われて，組織の目指す方向を見失いがちでもある．組織の構成員すべてが容易に理解できて，実務現場でのオペレーションを組織の目指す方向に推進するドライビングフォースとして戦略マップを用いると有効である．

　つまり，具体的な業務，または行動の指示を絶対的な指標で示すことは容易であるけれども，戦略を言葉で示し指示することは容易ではない．図式化することによって，戦略を組織の構成員すべてが容易に把握できることを補助することが可能になるのである．

4.10.2 企業における戦略の伝達と展開

　組織は企業の場合では，「全社 ⇒ 事業部 ⇒ 部門 ⇒ 課（所）⇒ 担当者」というように階層化されている．このような階層構造をもつ場合，全社の事業計画において，担当者個々の業務実務までが全社方針に詳細に記載されることはない．

　図4.7に企業組織に関する情報伝達構造を示した．最近では深い階層構造の組織は少なくなり，フラット化されてきたが，どのような企業においても組織の階層は存在する．そのような場合，戦略策定を経営層が発信しても，担当者個々に伝達されるためには，長い情報伝達経路を介して行われるのである．

　図4.7のような組織構造においては，全社の事業経営は複数の戦略テーマか

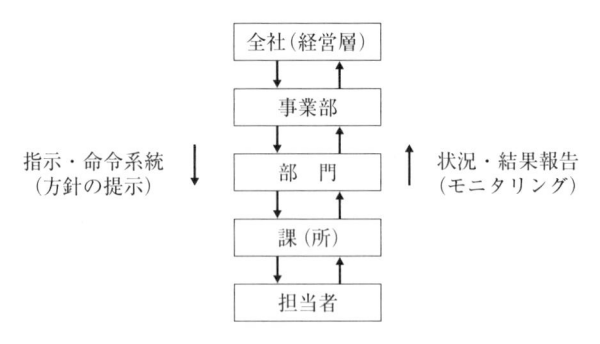

154   4. 経営戦略策定の詳細 — 分析から戦略マップの説明 —

```
              ┌─────────────┐
              │ 全社(経営層) │
              └──────┬──────┘
                     ↓
              ┌─────────────┐
              │   事業部    │
              └──────┬──────┘
   指示・命令系統    ↓              状況・結果報告
   （方針の提示） ┌─────────────┐   （モニタリング）
           ↓   │   部  門    │ ↑
              └──────┬──────┘
                     ↓
              ┌─────────────┐
              │   課(所)    │
              └──────┬──────┘
                     ↓
              ┌─────────────┐
              │   担当者    │
              └─────────────┘
```

図 4.7 企業における指示・命令系統と結果報告（モニタリング）の概念

ら構成され，それぞれ下位層において戦略の具現化を行って実施される（図4.8）。経営者および管理者は，戦略マップに関連づけられた評価指標をモニタリングすることで，戦略の実施状況を把握する。

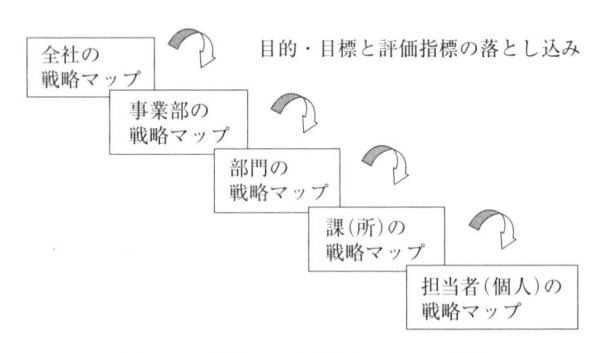

```
┌───────┐
│ 全社の │↘  目的・目標と評価指標の落とし込み
│戦略マップ│
└───────┘ ┌───────┐
          │事業部の│↘
          │戦略マップ│
          └───────┘ ┌───────┐
                    │部門の │↘
                    │戦略マップ│
                    └───────┘ ┌───────┐
                              │課(所)の│↘
                              │戦略マップ│
                              └───────┘ ┌───────────┐
                                        │担当者(個人)の│
                                        │戦略マップ    │
                                        └───────────┘
```

図 4.8 組織における戦略マップの展開

4.10.3　戦略マップを用いる際の注意

しかし，戦略マップが万能なわけではない。戦略マップには，中期・短期の戦略が混在するケースが多い。その理由として，中期的な計画では戦略マップの視点に従って，学習と成長の視点による内部プロセス改善の下支えを想定し，施策を立て，顧客の増加を図り，一方，短期的には組織は事業構造の改善を図ることが必要だからである。事業は分析や計画立案を行っている最中でも

4.10 戦略マップの作成

進行している．中期計画がどんなにすばらしくても，短期の事業における失敗が続けば，事業継続の可能性はなくなってしまう．

　このような事情によって，特に企業において用いられる戦略マップは，短・中期の戦略目標が混在しがちである．このような複雑な事業戦略のシナリオを戦略マップだけで示すことは難しい．しかし，非財務項目と財務項目の相関を明示し，かつ組織の目指している方向と組織の各部門，各担当者の担当役割（業務）がどのように組織の事業の中で生かされているかを組織の組織員に知らしめるのは，組織員一人ひとりに至るまで自己の役割を理解させるのに効果が高いと思われる．

　短・中期に関する混在の問題は，短期と中期の戦略マップを用意して，当該期間で中期目標を短期計画に盛り込むという工程を経る必要があるのではないかと筆者らは考える．筆者らは，企業における実務者として戦略マップを作成し，重要項目を事業計画に反映していく業務を行っている．

　このような立場では，各部門の組織員の末端まで中期計画が伝達されていないと，短期事業計画の各項目の中期計画との関係や意味を各自が知ることができないために，よく中期目標との関係や会社の進む方向との関係が不明だという不満を聞くことが多い．しかし，よくできた短・中期の戦略マップが用意されることで，このような不満や質問に容易に答えることができるのではないかと考えている．

　しかし，戦略マップが日本に紹介されて，いまだ日が浅く，現場での利用状況は先に述べたように，短・中期の混在になっていることが多い．今後は，不備のないように戦略マップの構造自体を精査して，短・中期でも理解しやすい表示方法を得るために改良していく必要があるだろう．特に評価指標を組織の下層に落としこんでいく方法については，実施項目と中期戦略との関係までが十分に考察されたうえで決定されていることが必要である．

4.10.4 戦略マップ（財務の視点）

　組織における戦略マップの必要性と効果と留意事項について説明した。つぎに，4つの視点における戦略マップについて，汎用的な戦略マップのテンプレートについて説明しよう。最近のキャプランとノートンの報告では，企業ごと，または事業ごとに異なっていた戦略様式が一定のパターンになっていることが示されている。以下，キャプランとノートンの著作を参考に，概要を説明する。

　財務の視点では，図 4.9 に示したように，成長戦略と効率化戦略であり，その細部構造は，成長戦略が新規収益の獲得と既存事業の拡大であり，効率化戦略はコスト削減と資産・資金の効率的な運用に分けられる。

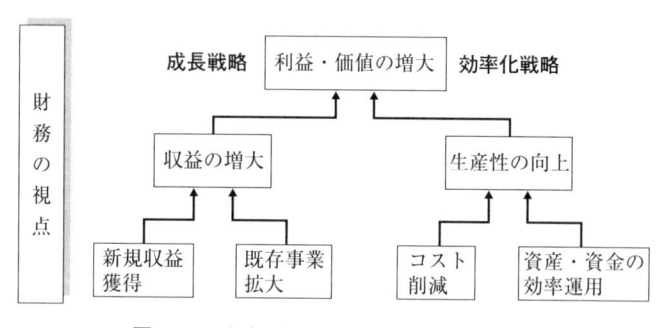

図 4.9 戦略の汎用パターン（財務の視点）

　財務戦略は，2つの大きな戦略とそれぞれ2つずつの詳細目的に注意して自社の戦略を立てていく。これらは，一見，相反するように見えるかもしれない。成長戦略では，製品の品質や顧客へのサービス，それを支える社員（組織員）の教育訓練などに費用を投資することなしに，さらなる事業の拡大は行えないように思われるであろう。しかし，対立するように見られる戦略をバランスさせながら，かつ妥協なしに工夫することで実現を目指す必要がある。

　市場に出回っているさまざまな製品/サービスを想像していただきたい。数年前には数十万円したような製品でも，現在では当時以上の機能を有する製品が，多種多様に数分の1から数十分の1で販売されている。市場競争で勝ち抜

くために，この相反した戦略を具体的な実施項目として行っていく必要があるのである。

　製品価格とコストについての簡単な説明を行ったが，事業の収益性の面から成長戦略と効率化戦略について考察してみよう。新規収益の獲得と既存事業の拡大によって収益の増大を図ることは，企業の発展のためには必ず必要である。しかし一方で，生産性の向上を図るコスト削減と資産・資金の効率運用をないがしろにすると，売上げは増加しても利益が伸びないという状況に陥ることが予想される。

　つまり，顧客の獲得が進むと売上げが上昇するが，経費も増加傾向を示す。市場の拡大に制約のない場合には，全体のスループットを増加させることに注力することは誤りではない。

　しかし，市場拡大には限界があり，飽和点に近づくと市場競争によって利益率が低下することは本書でも説明した。このような状況に至ってからコスト削減を行うことは一般に難しい。なぜなら，コスト削減のために新たな投資が必要な場合，収益低下している市場において有効な手段と判断するだろうか？より有利な新市場に投資を行うほうが，妥当性があると判断するのではないだろうか。

　投資が必要ない場合でも，コスト削減は単純に経費を削減することではなく，複数の業務の簡素化や集約化など，合理的な方法によって実現すべきものであり，必要な経費を投入して品質を保たなければ顧客は離れていってしまう。つまり「コスト削減＝品質低下」では事業の存続が危ういのである。

　したがって，成長戦略と効率化戦略は，相反する戦略ではなく，共存させて実施することによって，企業の収益を増加させ，利益を確保するために必要な相補関係であることをここでは強調しておきたい。

4.10.5　戦略マップ（**顧客の視点**）

　顧客の視点に関しての汎用的なパターンは，3つに分類される（**図4.10**）。
① 卓越した業務戦略：オペレーションの効率化による差別化

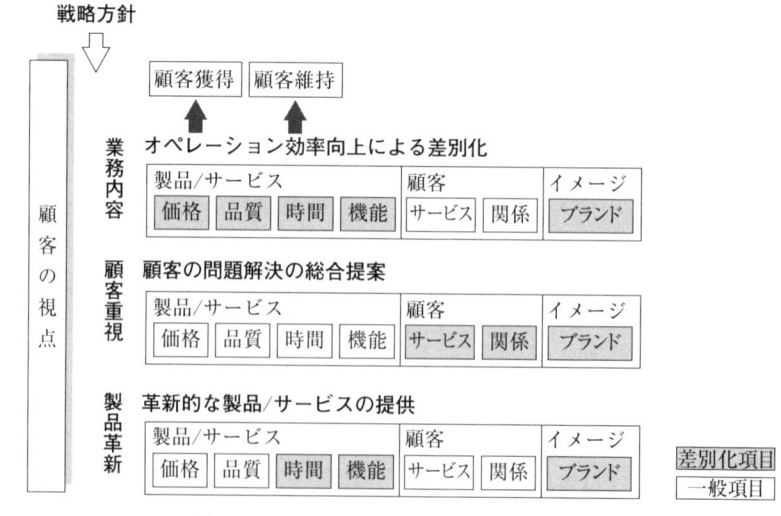

158   4. 経営戦略策定の詳細 ― 分析から戦略マップの説明 ―

図4.10 戦略の汎用パターン（顧客の視点）

② 顧客関係重視戦略：顧客の問題解決の総合提案
③ 製品/サービス力戦略：新規な製品/サービスの提供

　これらは，どれか一つに絞って集中すればよいというものではなく，3つのうち一つに秀で，ほかの2つに関しては他社と同程度を目指すものである。

　顧客価値は，7つの小項目の集合で表され，3つのグループに分類されていることが図4.10からわかると思う。この7つの項目の組合せにおいて，3つの戦略から自社の顧客戦略に合致する一つを選択して磨き上げるのである。

　つまり，オペレーション効率を主要戦略とする場合には，価格・品質・時間・機能で他社に抜きん出ることを目指し，顧客関係戦略をとる場合にはサービスと顧客関係（信頼，フォローアップなど）を強化する。新規製品やサービスを選んだ場合には，製品やサービスの機能と時間（提供までの期間を短縮するとか，タイムリーな出荷をするなど）を優先するのである。

　この図4.10を見て，読者は興味深いことに気づかれたであろうか？
　どの戦略を採択する場合においても，ブランドイメージの向上は必要なのである。つまり，顧客が製品/サービスを選択する大きな理由に，ブランドイメー

4.10 戦略マップの作成

ジがあるということである。

　ブランドイメージを作り上げるために，企業は多大な努力をしている。それは製品性能であり，高品質であり，デザインの雰囲気であり，利便性であり，顧客の持つブランドイメージはさまざまな形態である。自社の製品/サービスのブランドイメージ向上を考えるときに，どのようなブランドイメージを作り上げていくかということも，またその企業（組織）の重要な戦略なのである。

　簡単な事例を挙げてみよう。例えば，女性用の高級バックや装飾品，服飾などは非常にわかりやすい。バック自体の品質はもちろん高いのであるが，しかしその製品を所有することによって顧客の満足度を上げることを可能にしている。一般に高級品には，このようなブランドイメージによる差別化を図っているものが多い。先にあげた商品以外に，自動車，化粧品，家具，リゾート地の別荘などが容易にあげられる。豪華客船による旅行なども日本では該当するかもしれない。

　もう少し，顧客の3つの分類について検討してみよう。かりに，製品革新戦略をとると決定した企業があったとする。しかし，現在の事業構造は，オペレーション効率による差別化である場合に，製品革新戦略を選択することは有利なのであろうか。

　もし，事業の継続性と発展を図るために方針転換を経営者が決断したとしたら，そのために必要な社内の体制やリソース（資源）は新たに構築しなければならないことを理解している必要がある。もちろん，市場における自社のポジショニングを分析して理解していることも重要である。

　さらに，製品革新によって市場が拡大することが期待できるなど好条件が想定されなければならない。戦略の転換を誤ると，既存の事業構造を破綻してしまうことと直結するために，慎重に検討しなければならない。

　比較的成功する戦略転換は，既知の技術・製品をほかの市場に展開して新たなシェアを獲得し，ブランドイメージを構築することではないだろうか。馬具から高級バックに製品を転換して成功した企業事例や，精密加工の技術を応用して眼鏡フレームの一大生産地になった地方の事例，筆記用の筆を作り上げる

技術を化粧用の筆・刷毛に応用して世界シェアでトップを維持し続ける企業など，多くの事例が見られる。

4.10.6　戦略マップ（内部プロセスの視点）

　ノートンとキャプランは，内部プロセス（業務プロセス）の視点は，顧客価値戦略が決定することで，3つのパターンごとに内部プロセスの構造も規定されるという主張をしている（図4.11）。

　また，内部プロセスとして，企業も社会の一員であるという企業市民の観点を入れることを提起している。これは，企業は自己の繁栄発展だけを独善的に行ってよいということではなく，つねに社会との接点の中で存在が認められているということを忘れてはいけないということである。

　つまり，顧客の視点と業務プロセスの視点は密着しており，顧客に対して付加価値を上げるためには，該当する付加価値に特化した内部プロセスを同時に構築していく必要があるということである。

　顧客戦略と内部戦略の不一致がある場合には，組織内部の努力が顧客に正しく伝わらないということであり，まず顧客は誰か，その顧客にどのような価値を提供するのか，ということを正しく把握しなければならない。そして，自社における顧客価値を決定した場合には，その顧客価値に合致した内部プロセス

内部プロセスの視点	戦略	目標	具体的な項目
	イノベーション	革新的な製品/サービスの提供	新規発明・新製品
	顧客管理	顧客の問題解決の総合提案	顧客課題解決策 顧客へのサービス 顧客管理
	業務内容	オペレーション効率による差別化	サプライチェーン 業務効率向上 稼働率管理

図4.11　戦略の汎用パターン（内部プロセスの視点）

の再構築を行って，戦略の統一を図る必要があるのである。

　内部プロセスも，顧客と連動していることから3つに分類されている。イノベーション戦略は，名称どおり革新的な製品/サービスの提供である。この戦略を選択する場合には，革新的な発明や製品開発に成功することである。革新製品戦略の場合，既存の市場に革新的で新たな機能を搭載した製品を投入したという状況を想定すると理解しやすい。

　この戦略を成功させるためには，革新製品を開発するための組織や体制が整備されること，また，発明土壌が必要であろう。当然，内部体制とともに人材が必要なことはいうまでもないであろう。

　顧客重視戦略は，顧客関係を重視する戦略であり，顧客の問題解決策を有しているか，解決策を作り出すことができる内部プロセスが必要である。例えば，社内の横断的なつながりを用いて，すみやかに顧客に提供できるようにつねに問題の共有化とその解決策を考え，実施することが可能な組織の柔軟性が必要である。また，顧客へのサービスの提供とともに，顧客管理が重要である。

　さらに進めて考えると，問題解決が成功した場合，別の顧客の，同種の問題解決も比較的容易に可能なはずであるから，方法の共通化によって生産性向上につながることが想像できる。したがって，問題解決の提供を事業の主にする場合には，同種の問題を抱える顧客の開拓も戦略的に行う必要があるであろう。

　業務内容戦略は，オペレーション効率による差別化戦略である。サプライチェーンマネジメントによる無駄省きをはじめ，稼働率向上は組織にとって必須課題である。在庫の削減のためのサプライチェーンマネジメントは，オペレーション効率向上とともに資産の効率的な運用にもつながって相乗効果を示すであろう。しかし，現在の市場要求は高い品質を要求しており，業務効率の向上が図れても，品質低下を顧客に感じさせてしまうと事業の発展は望めないであろう。

　学習と成長の視点では，図**4.12**に示すように，3つの分類がある。
① 戦略的コンピタンス

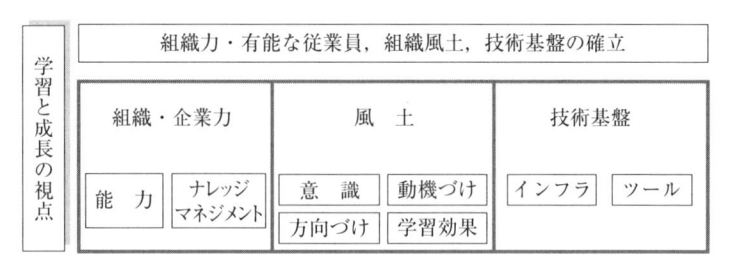

学習と成長の視点	組織力・有能な従業員，組織風土，技術基盤の確立		
	組織・企業力	風　土	技術基盤
	能　力／ナレッジマネジメント	意　識／動機づけ／方向づけ／学習効果	インフラ／ツール

図 4.12 戦略の汎用パターン（学習と成長の視点）

② 戦略を推進する組織風土
③ 戦略的技術

4.10.7　戦略マップ（学習と成長の視点）

　まず，どんなに熱意があっても，業務遂行する知識や経験が伴わなければ実現はできない。したがって，社員（組織の構成員）の業務遂行のためのスキル向上を図り，かつ知識の共有を行うというナレッジマネジメントが必要である。

　そして，戦略を推進するために戦略を意識し，かつ意識するための動機づけや方向を示すこと，また学習して効果が上がるように工夫しなければならない。

　これらの支援のための企業の経営技術要素として，インフラ（ネットワークやコンピュータ環境など）とそのインフラを使いこなすためのアプリケーションや何らかの補助手段を要するであろう。

　学習と成長に関する前述の3つの分類は，一般的な留意事項である。組織力の一般的底上げに関しては当然行われることだろう。しかし，顧客戦略において，オペレーション効率向上による差別化，顧客の問題解決の総合提案，革新的な製品/サービスの提供，という3つの分類から選択された戦略によって学習と成長の各項目の具体的な実施事項は変化する。

　オペレーション効率戦略を選択した場合には，ナレッジマネジメントや意識・動機づけ，インフラなどに注力することが好ましいと考えられるし，顧客

の問題解決の総合提案戦略を選んだ場合には，ナレッジマネジメントや意識，インフラ・ツールなどに注意しなければならないと思われる．製品革新の場合には，組織と個人の能力が大きな比重を占め，学習効果やツールなどの整備などに優先して取り組むことになるであろう．

　学習と成長の視点における各項目も，自社ではどのような顧客に製品/サービスを提供していくかということを吟味して優先すべき項目を選択していく必要があるであろう．

　このような，具体的な施策目的を明確にしておくことで戦略マップの策定から曖昧さを排除することが可能になり，全社の方向性を社員すべてに一目瞭然に提示することが可能になり，かつ各視点における戦略の目的を明確にすることが可能である．目的や判断基準が明らかになれば，社員すべての方向性が一致して経営に非常に効果的であることが容易に推測できるであろう．

4.10.8　戦略マップ（全体構造）

　戦略マップの構造を整理すると，以下のように各視点における分類と詳細項目を戦略目的にして，自社にマッチするように戦略策定を行うのである．

① 財務の視点では，新規事業・既存事業・コスト削減・資金/資産運用の4つの詳細項目に分類して抽出する．

② 顧客の視点は,オペレーション効率・顧客課題の解決・新規製品/サービスの3つの分離のどれに秀でるかを決めて，7つの要素を洗い出す．

③ 内部プロセスの視点は，顧客価値戦略の決定によって，3つの選択肢から該当する一つを抽出して，イノベーション・顧客管理・業務プロセスのいずれかに特化した対策を立てていくことになる．

④ 学習と成長の視点では，3つの分類戦略コンピタンス・戦略推進風土・戦略的技術の詳細項目8個をそれぞれ検討して，具体的な目的を導出する必要がある．

　したがって，戦略マップを作成する場合には，細部項目で，計22個についての目的（または目標）が，何らかの表現・表記で示されていることが好ましい．

しかし，読者が戦略マップを作成する場合には，このような厳密な定義をすることなく，コラム（2章 p.69）で示したライトアプローチの例のように，4つの視点に分類してマッピングするところから着手されても構わない。なぜなら，実際に戦略マップを繰り返し精査していくことで，ノートンとキャプランの示したフレームワーク（**図 4.13**）のひな型に近づくと思われるからである。

戦略マップは，構築する手順や項目の完全性よりも，各視点の戦略的な統一性に注意しなければならない。顧客の視点と内部プロセスの視点が密接な関係にあることを前述した。学習と成長の視点においても，顧客戦略から始まる対象顧客（顧客に提供する自社の製品/サービス）に対して，一貫性のある戦略策定が行われることが重要である。

なぜなら，各視点において対象顧客（事業の成立要件と考えてもさしつかえないだろう）に一貫性がなければ，どのようにすばらしい戦略を立てて実施しても，効果が得られるとは考えずらい。戦略マップの構築で重要なことは，自社の顧客の姿を明確にすることである。そして，その顧客の姿を見失うことなく，自社が顧客に提供できる製品/サービスを作り上げることが必要なのである。

また，財務戦略における経営陣の役割は非常に大きい。成長戦略の2つの項目である新規収益の獲得と既存事業の拡大は方針設定を行うことで，実務レベルに落として，実行計画作成段階に進めることが可能であると思われる。また，生産性向上戦略のうち，コスト削減に関しても同様に現場レベルで実施に進めることができるであろう。

しかし，資産・資金の効率運用は，現場での決定は困難で経営トップの経営判断によって左右される事項と思われる。資産・資金の運用は，既存事業に関する実務事項とは組織の判断レベルが異なることがあるからである。

もちろん，新規収益の獲得に関しては，生産性の向上の2項目よりも経営トップの決断が重要な要因であることには間違いない。ただし，生産性の向上の2項目も，経営トップの方針判断は大きく影響を受けることはいうまでもない。

4.10 戦略マップの作成

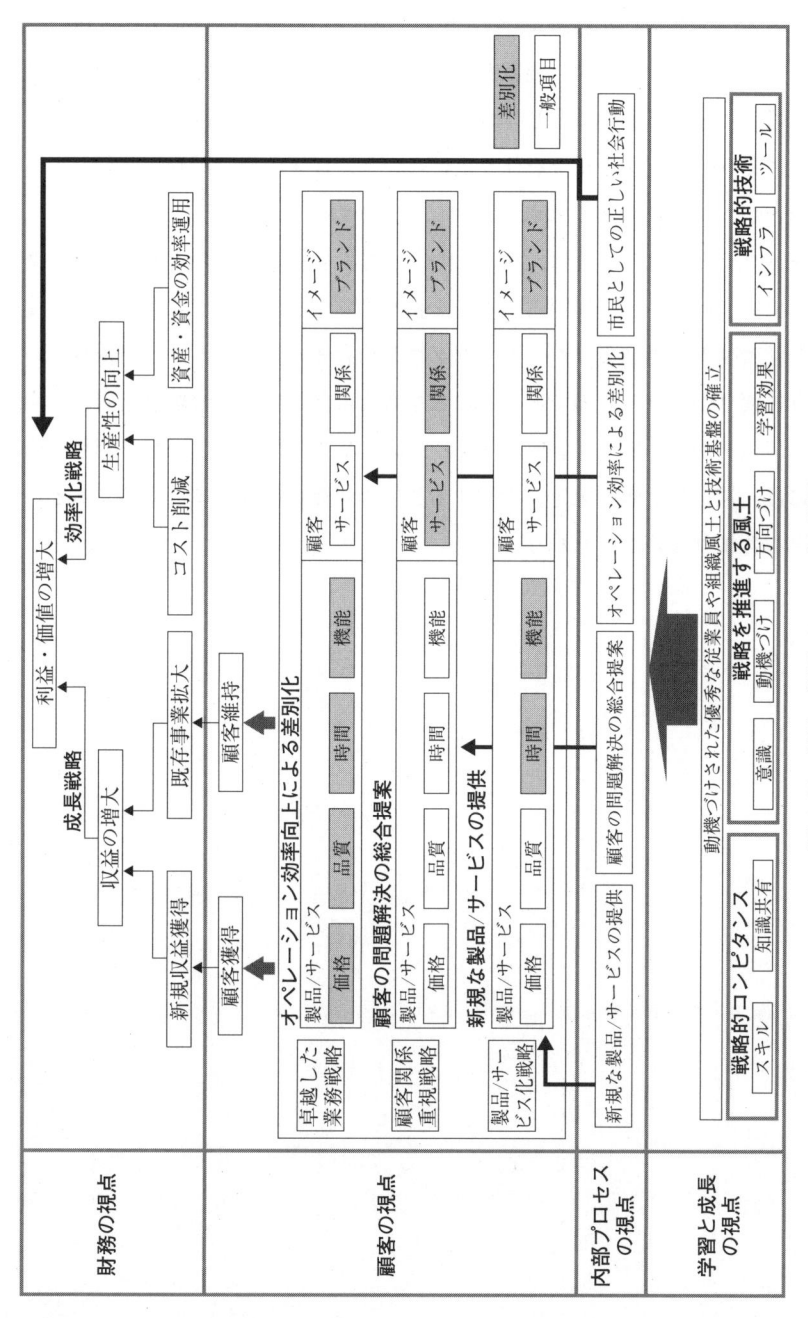

図 4.13 戦略の汎用パターン（全体図）

筆者らのささやかな経験では，BSC に現れる 22 項目に判断すべき組織の階層を設定しておくほうが，混乱が少なくなるのではないかと考えている。つまり，策定に関して職責に応じてコミットメントを行い，判断基準を設定して社内全体で戦略策定する状況を作り上げないと，従来の経営計画と同様に一方的な通告が，BSC の形で行われるだけになりかねない。

キャプランとノートンは，第三世代の BSC を組織と変革のフレームワークとして位置づけている。提唱者の考えを継承することがすべてではないが，従来の経営戦略の行き詰まりが，トップダウン依存またはボトムアップ依存というように偏りが目立つものであったことを考えると，すべての組織階層の，すべての組織員が，共有可能な経営戦略のフレームワークとして BSC を利用するためには，策定の手順や策定に参加する組織の組織員の構成まで変革するということも含まれるのかもしれない。

参 考 文 献

1) ロバート.S.キャプラン, デビッド.P.ノートン著, 櫻井通晴監訳：キャプランとノートンの戦略バランスト・スコアカード, 東洋経済新報社（2001）
2) ポール.R.ニーブン著, 松原恭司郎訳：ステップ・バイ・ステップバランス・スコアカード経営, 中央経済社（2004）
3) 柴山慎一ほか：実践バランス・スコアカード ケースでわかる日本企業の戦略推進ツール, 日本経済新聞社（2001）
4) 吉川武男：バランス・スコアカード入門 導入から運用まで, 生産性出版（2001）
5) 松井一夫：図解 21チャートを活用した実践バランス・スコアカード, 日刊工業新聞社（2002）
6) 寺元義也, 松田修一監修, 早稲田大学ビジネススクール著：技術系のMBA MOT（マネジメント・オブ・テクノロジー）入門, 日本能率マネジメントセンター（2002）
7) ヘンリー・ミンツバーグ, ブルース・アルストランド, ジョセフ・ランペル著, 斎藤嘉則監訳, 木村充, 奥沢朋美, 山口あけも訳：戦略サファリ 戦略マネジメント・ガイドブック, 東洋経済新報社（1999）
8) 大石達也, 廣綱晶子監修：最新「経営戦略」とケース分析, 秀和システム（2004）
9) 野口吉昭編, HRインスティテュート：これで思い通りのシナリオが描ける！ビジネス戦略の技術, PHP研究所（2002）
10) 野口吉昭編, HRインスティテュート：ロジカルシンキングのノウハウ・ドゥハウ, PHP研究所（2001）
11) 野口吉昭編, HRインスティテュート：課題解決の技術「5段階思考法」がビジネスの勝敗を決める！, PHP研究所（2002）
12) 松永達也：図解バランス・スコアカード, 東洋経済新報社（2002）
13) アルフレッド.D.チャンドラー, Jr.著, 有賀裕子訳：組織は戦略に従う, ダイヤモンド社（2004）

索　引

【い】
イテレーション　62
イテレート　94
イノベーションプロセス　38
イノベーション戦略　80
インパクトドライバー　105

【え】
営業状況管理　59
エンタープライズアーキテクチャ　14

【お】
オペレーションプロセス　38

【か】
課題ツリー　90, 148
改善サイクル　3, 32
階層型組織　19
外部環境分析　10
学習と成長の視点　6, 31, 38, 162
カンバン方式　35, 60

【き】
競争優位性　26

【け】
経営　1, 8
経営資源　26
経営戦略　1, 10, 57

【こ】
コア・コンピタンス

【か】(顧客)
　　　　　　3, 26, 34, 47, 139
5 F 分析　26, 107, 123, 131
顧客の視点　6, 32, 38, 157
顧客満足　39, 47, 108
顧客満足度　38

【さ】
財務の視点　6, 37, 156
サプライチェーンマネジメント　161
3 C 分析
　　　79, 82, 89, 103, 108, 132

【し】
市場占有率　47
実施項目　43
重点施策　46, 51
重要成功要因　43, 66

【す】
ステークホルダー　44

【せ】
成果指標　43
成熟度　28, 56
先行指標　43
戦術　4
戦略　4, 9, 25
戦略テーマ　43
戦略マップ
　　　31, 33, 41, 47, 71, 79, 153
戦略目的　43

【そ】
組織　25

【た】
タスクフォース　21, 23

【と】
到達目標　53
ドライビングフォース　58

【な】
内部プロセスの視点
　　　　　　　　6, 32, 38, 160
内部環境分析　10
7 S 分析　113
ナレッジマネジメント　70

【は】
バランススコアカード　3
バリューチェーン分析　115

【ひ】
非階層型組織　19
ビジネスシステム分析　115
ビジネスヒエラルキー分析　114
ビジネスプロセス　38
ビジネスモデル　10, 11
ビジョン　44, 45, 52, 102
評価指標　31, 41, 43

【ふ】
フラット型組織　19
フレームワーク
　　　　　28, 46, 74, 99, 103
プロジェクトチーム　21, 23

【ほ】

ポートフォリオマトリクス 26

【ま】

マイケル・E・ポーター 107, 123
マクロ環境分析 77, 104, 120
マネジメント 1, 98

【み】

ミッション 46, 52

【も】

目標 41, 43
モニタリング 12, 13, 38, 45, 68

【よ】

4P分析 112

4つの視点 6, 28, 37

【り】

リソースベースドビュー 26
リテラシー 58

【ろ】

6Σ 34
ロジックツリー 148

【B】

BSC 3, 28, 71, 102

【C】

CS 39, 108
CSF 43, 85, 110, 150

【E】

EA 14

【F】

FISM 29, 50

【I】

ISM 29

【J】

JIT 35, 60, 160

【K】

KGI 43, 53, 54, 67
KPI 53, 54, 67

【M】

management 1
MOT 8

【P】

PDCA 1, 32
PDCAサイクル 3
PPM 34
PPM分析 116

【Q】

QCサークル 35

【R】

RFP 12

【S】

see 38
SFA 59
SMART 51
SWOT分析 29, 34, 81, 89, 104, 109, 140

【T】

TM 8
TQC 28, 34, 60
TQM 26, 28, 34

― 著者略歴 ―

大内　東（おおうち　あずま）
1968 年　北海道大学工学部応用物理学科卒業
1974 年　北海道大学大学院工学研究科博士後期課
　　　　程修了（電気工学専攻）
　　　　工学博士（北海道大学）
1974 年　北海道大学助手
1981 年　北海道大学助教授
1989 年　北海道大学教授
　　　　現在に至る

高谷　敏彦（たかや　としひこ）
1984 年　東京理科大学理学部第二部物理学科卒業
1984 年　株式会社リコー勤務
1994 年　電気通信大学大学院電気通信学研究科
　　　　博士前期課程修了
1999 年　リコーシステム開発株式会社勤務
　　　　現在に至る

森本　伸夫（もりもと　のぶお）
1974 年　大阪府立西野田工業高等学校卒業
1974 年　日立ソフトウェアエンジニアリング株式会社
　　　　勤務
　　　　現在に至る
2003 年　北海道大学非常勤講師

技術者のための現代経営戦略の方法
―バランススコアカードを中心として―
Introduction to Management Strategy for Engineers
―Balanced Scorecard―

Ⓒ Ohuchi, Takaya, Morimoto 2005

2005 年 3 月 3 日　初版第 1 刷発行

検印省略	著　者	大　内　　　　東
		高　谷　敏　彦
		森　本　伸　夫
	発行者	株式会社　コロナ社
	代表者	牛来辰巳
	印刷所	萩原印刷株式会社

112-0011　東京都文京区千石 4-46-10
発行所　株式会社　コロナ社
CORONA PUBLISHING CO., LTD.
Tokyo Japan
振替 00140-8-14844・電話(03)3941-3131(代)
ホームページ http://www.coronasha.co.jp

ISBN 4-339-02407-4　　（横尾）　（製本：愛千製本所）
Printed in Japan

無断複写・転載を禁ずる
落丁・乱丁本はお取替えいたします

コンピュータ数学シリーズ

(各巻A5判)

■編集委員　斎藤信男・有澤　誠・筧　捷彦

配本順			頁	定価
2.（9回）	組合せ数学	仙波一郎著	212	2940円
3.（3回）	数理論理学	林　晋著	190	2520円
10.（2回）	コンパイラの理論	大山口通夫著	176	2310円
11.（1回）	アルゴリズムとその解析	有澤　誠著	138	1733円
15.（5回）	数値解析とその応用	名取　亮著	156	1890円
16.（6回）	人工知能の理論（増補）	白井良明著	182	2205円
20.（4回）	超並列処理コンパイラ	村岡洋一著	190	2415円
21.（7回）	ニューラルコンピューティング	武藤佳恭著	132	1785円
22.（8回）	オブジェクト指向モデリング	磯田定宏著	156	2100円

以下続刊

1. 離散数学	難波完爾著	4. 計算の理論	町田　元著
5. 符号化の理論	今井秀樹著	6. 情報構造の数理	中森真理雄著
7. 計算モデル	小谷善行著	8. プログラムの理論	
9. プログラムの意味論	萩野達也著	12. データベースの理論	
13. オペレーティングシステムの理論	斎藤信男著	14. システム性能解析の理論	亀田壽夫著
17. コンピュータグラフィックスの理論	金井　崇著	18. 数式処理の数学	渡辺隼郎著
19. 文字処理の理論			

定価は本体価格+税5%です。
定価は変更されることがありますのでご了承下さい。

図書目録進呈◆

電子情報通信レクチャーシリーズ

■(社)電子情報通信学会編　　（各巻B5判）

共通

記号	配本順	書名	著者	頁	定価
A-1		電子情報通信と産業	西村吉雄 著		
A-2		電子情報通信技術史	技術と歴史研究会 編		
A-3		情報社会と倫理	笠原正雄・土屋俊 共著		
A-4		メディアと人間	原島博・北川高嗣 共著		
A-5	(第6回)	情報リテラシーとプレゼンテーション	青木由直 著	216	3570円
A-6		コンピュータと情報処理	村岡洋一 著		
A-7		情報通信ネットワーク	水澤純一 著		
A-8		マイクロエレクトロニクス	亀山充隆 著		
A-9		電子物性とデバイス	益一哉 著		

基礎

記号	配本順	書名	著者	頁	定価
B-1		電気電子基礎数学	大石進一 著		
B-2		基礎電気回路	篠田庄司 著		
B-3		信号とシステム	荒川薫 著		
B-4		確率過程と信号処理	酒井英昭 著		
B-5		論理回路	安浦寛人 著		
B-6	(第9回)	オートマトン・言語と計算理論	岩間一雄 著	186	3150円
B-7		コンピュータプログラミング	富樫敦 著		
B-8		データ構造とアルゴリズム	今井浩 著		
B-9		ネットワーク工学	仙石正和・田村裕 共著		
B-10	(第1回)	電磁気学	後藤尚久 著	186	3045円
B-11		基礎電子物性工学	阿部正紀 著		
B-12	(第4回)	波動解析基礎	小柴正則 著	162	2730円
B-13	(第2回)	電磁気計測	岩﨑俊 著	182	3045円

基盤

記号	配本順	書名	著者	頁	定価
C-1	(第13回)	情報・符号・暗号の理論	今井秀樹 著	220	3675円
C-2		ディジタル信号処理	西原明法 著		
C-3		電子回路	関根慶太郎 著		
C-4		数理計画法	福島雅夫・山下信雄 共著		
C-5		通信システム工学	三木哲也 著		
C-6		インターネット工学	後藤滋樹 著		
C-7	(第3回)	画像・メディア工学	吹抜敬彦 著	182	3045円

配本順				頁	定価
C-8		音声・言語処理	広瀬 啓吉 著		
C-9	(第11回)	コンピュータアーキテクチャ	坂井 修一 著	158	2835円
C-10		オペレーティングシステム	徳田 英幸 著		
C-11		ソフトウェア基礎	外山 芳人 著		
C-12		データベース	田中 克己 著		
C-13		集積回路設計	鳳 紘一郎／浅田 邦博 共著		
C-14		電子デバイス	舛岡 富士雄 著		
C-15	(第8回)	光・電磁波工学	鹿子嶋 憲一 著	200	3465円
C-16		電子物性工学	奥村 次徳 著		

展開

D-1		量子情報工学	山崎 浩一 著		
D-2		複雑性科学	松本 隆／相澤 洋二 共著		
D-3		非線形理論	香田 徹 著		
D-4		ソフトコンピューティング	山川 烈 著		
D-5		モバイルコミュニケーション	中川 正雄／大槻 知明 共著		
D-6		モバイルコンピューティング	中島 達夫 著		
D-7		データ圧縮	谷本 正幸 著		
D-8	(第12回)	現代暗号の基礎数理	黒澤 馨／尾形 わかは 共著	198	3255円
D-9		ソフトウェアエージェント	西田 豊明 著		
D-10		ヒューマンインタフェース	西田 正吾／加藤 博一 共著		
D-11		画像光学と入出力システム	本田 捷夫 著		
D-12		コンピュータグラフィックス	山本 強 著		
D-13		自然言語処理	松本 裕治 著		
D-14	(第5回)	並列分散処理	谷口 秀夫 著	148	2415円
D-15		電波システム工学	唐沢 好男 著		
D-16		電磁環境工学	徳田 正満 著		
D-17		VLSI工学	岩田 英夫／角南 英穆 共著		
D-18	(第10回)	超高速エレクトロニクス	中村 友義／三島 徹 共著	158	2730円
D-19		量子効果エレクトロニクス	荒川 泰彦 著		
D-20		先端光エレクトロニクス	大津 元一 著		
D-21		先端マイクロエレクトロニクス	小柳 光正 著		
D-22		ゲノム情報処理	高木 利久 著		
D-23		バイオ情報学	小長谷 明彦 著		
D-24	(第7回)	脳工学	武田 常広 著	240	3990円
D-25		医療・福祉工学	伊福部 達 著		

定価は本体価格+税5%です。
定価は変更されることがありますのでご了承下さい。

◆図書目録進呈◆

電子情報通信学会 大学シリーズ

(各巻A5判)

■(社)電子情報通信学会編

	配本順			頁	定価
A-1	(40回)	応用代数	伊藤 理重 正悟 夫 共著	242	3150円
A-2	(38回)	応用解析	堀内 和夫 著	340	4305円
A-3	(10回)	応用ベクトル解析	宮崎 保光 著	234	3045円
A-4	(5回)	数値計算法	戸川 隼人 著	196	2520円
A-5	(33回)	情報数学	廣瀬 健 著	254	3045円
A-6	(7回)	応用確率論	砂原 善文 著	220	2625円
B-1	(57回)	改訂 電磁理論	熊谷 信昭 著	340	4305円
B-2	(46回)	改訂 電磁気計測	菅野 允 著	232	2940円
B-3	(56回)	電子計測(改訂版)	都築 泰雄 著	214	2730円
C-1	(34回)	回路基礎論	岸 源也 著	290	3465円
C-2	(6回)	回路の応答	武部 幹 著	220	2835円
C-3	(11回)	回路の合成	古賀 利郎 著	220	2735円
C-4	(41回)	基礎アナログ電子回路	平野 浩太郎 著	236	3045円
C-5	(51回)	アナログ集積電子回路	柳沢 健 著	224	2835円
C-6	(42回)	パルス回路	内山 明彦 著	186	2415円
D-2	(26回)	固体電子工学	佐々木 昭夫 著	238	3045円
D-3	(1回)	電子物性	大坂 之雄 著	180	2205円
D-4	(23回)	物質の構造	高橋 清 著	238	3045円
D-6	(13回)	電子材料・部品と計測	川端 昭 著	248	3150円
D-7	(21回)	電子デバイスプロセス	西永 頌 著	202	2625円
E-1	(18回)	半導体デバイス	古川 静二郎 著	248	3150円
E-2	(27回)	電子管・超高周波デバイス	柴田 幸男 著	234	3045円
E-3	(48回)	センサデバイス	浜川 圭弘 著	200	2520円
E-4	(36回)	光デバイス	末松 安晴 著	202	2625円
E-5	(53回)	半導体集積回路	菅野 卓雄 著	164	2100円
F-1	(50回)	通信工学通論	畔柳 功芳 塩谷 光 共著	280	3570円
F-2	(20回)	伝送回路	辻井 重男 著	186	2415円
F-4	(30回)	通信方式	平松 啓二 著	248	3150円

記号	(回)	書名	著者	頁	価格
F-5	(12回)	通信伝送工学	丸林 元著	232	2940円
F-7	(8回)	通信網工学	秋山 稔著	252	3255円
F-8	(24回)	電磁波工学	安達三郎著	206	2625円
F-9	(37回)	マイクロ波・ミリ波工学	内藤喜之著	218	2835円
F-10	(17回)	光エレクトロニクス	大越孝敬著	238	3045円
F-11	(32回)	応用電波工学	池上文夫著	218	2835円
F-12	(19回)	音響工学	城戸健一著	196	2520円
G-1	(4回)	情報理論	磯道義典著	184	2415円
G-2	(35回)	スイッチング回路理論	当麻喜弘著	208	2625円
G-3	(16回)	ディジタル回路	斉藤忠夫著	218	2835円
G-4	(54回)	データ構造とアルゴリズム	斎藤信男／西原清一共著	232	2940円
H-1	(14回)	プログラミング	有田五次郎著	234	2205円
H-2	(39回)	情報処理と電子計算機(「情報処理通論」改題新版)	有澤 誠著	178	2310円
H-3	(47回)	電子計算機I ─基礎編─	相磯秀夫／松下 温共著	184	2415円
H-4	(55回)	改訂 電子計算機II ─構成と制御─	飯塚 肇著	258	3255円
H-5	(31回)	計算機方式	高橋義造著	234	3045円
H-7	(28回)	オペレーティングシステム論	池田克夫著	206	2625円
I-3	(49回)	シミュレーション	中西俊男著	216	2730円
I-4	(22回)	パターン情報処理	長尾 真著	200	2520円
J-1	(52回)	電気エネルギー工学	鬼頭幸生著	312	3990円
J-3	(3回)	信頼性工学	菅野文友著	200	2520円
J-4	(29回)	生体工学	斎藤正男著	244	3150円
J-5	(45回)	改訂 画像工学	長谷川 伸著	232	2940円

以下続刊

C-7	制御理論		D-1	量子力学
D-5	光・電磁物性		F-3	信号理論
F-6	交換工学		G-5	形式言語とオートマトン
G-6	計算とアルゴリズム		J-2	電気機器通論

定価は本体価格+税5%です。
定価は変更されることがありますのでご了承下さい。

図書目録進呈◆

新コロナシリーズ

(各巻B6判)

			頁	定価
1.	ハイパフォーマンスガラス	山根 正之著	176	1223円
2.	ギャンブルの数学	木下 栄蔵著	174	1223円
3.	音戯話	山下 充康著	122	1050円
4.	ケーブルの中の雷	速水 敏幸著	180	1223円
5.	自然の中の電気と磁気	高木 相著	172	1223円
6.	おもしろセンサ	國岡 昭夫著	116	1050円
7.	コロナ現象	室岡 義廣著	180	1223円
8.	コンピュータ犯罪のからくり	菅野 文友著	144	1223円
9.	雷の科学	饗庭 貢著	168	1260円
10.	切手で見るテレコミュニケーション史	山田 康二著	166	1223円
11.	エントロピーの科学	細野 敏夫著	188	1260円
12.	計測の進歩とハイテク	高田 誠二著	162	1223円
13.	電波で巡る国ぐに	久保田 博南著	134	1050円
14.	膜とは何か ―いろいろな膜のはたらき―	大矢 晴彦著	140	1050円
15.	安全の目盛	平野 敏右編	140	1223円
16.	やわらかな機械	木下 源一郎著	186	1223円
17.	切手で見る輸血と献血	河瀬 正晴著	170	1223円
18.	もの作り不思議百科 ―注射針からアルミ箔まで―	JSTP編	176	1260円
19.	温度とは何か ―測定の基準と問題点―	櫻井 弘久著	128	1050円
20.	世界を聴こう ―短波放送の楽しみ方―	赤林 隆仁著	128	1050円
21.	宇宙からの交響楽 ―超高層プラズマ波動―	早川 正士著	174	1223円
22.	やさしく語る放射線	菅野・関 共著	140	1223円
23.	おもしろ力学 ―ビー玉遊びから地球脱出まで―	橋本 英文著	164	1260円
24.	絵に秘める暗号の科学	松井 甲子雄著	138	1223円
25.	脳波と夢	石山 陽事著	148	1223円
26.	情報化社会と映像	樋渡 涓二著	152	1223円
27.	ヒューマンインタフェースと画像処理	鳥脇 純一郎著	180	1223円

№	タイトル	著者	頁	価格
28.	叩いて超音波で見る ―非線形効果を利用した計測―	佐藤拓宋著	110	1050円
29.	香りをたずねて	廣瀬清一著	158	1260円
30.	新しい植物をつくる ―植物バイオテクノロジーの世界―	山川祥秀著	152	1223円
31.	磁石の世界	加藤哲男著	164	1260円
32.	体を測る	木村雄治著	134	1223円
33.	洗剤と洗浄の科学	中西茂子著	208	1470円
34.	電気の不思議 ―エレクトロニクスへの招待―	仙石正和編著	178	1260円
35.	試作への挑戦	石田正明著	142	1223円
36.	地球環境科学 ―滅びゆくわれらの母体―	今木清康著	186	1223円
37.	ニューエイジサイエンス入門 ―テレパシー，透視，予知などの超自然現象へのアプローチ―	窪田啓次郎著	152	1223円
38.	科学技術の発展と人のこころ	中村孔治著	172	1223円
39.	体を治す	木村雄治著	158	1260円
40.	夢を追う技術者・技術士	CEネットワーク編	170	1260円
41.	冬季雷の科学	道本光一郎著	130	1050円
42.	ほんとに動くおもちゃの工作	加藤孜著	156	1260円
43.	磁石と生き物 ―からだを磁石で診断・治療する―	保坂栄弘著	160	1260円
44.	音の生態学 ―音と人間のかかわり―	岩宮眞一郎著	156	1260円
45.	リサイクル社会とシンプルライフ	阿部絢子著	160	1260円
46.	廃棄物とのつきあい方	鹿園直建著	156	1260円
47.	電波の宇宙	前田耕一郎著	160	1260円
48.	住まいと環境の照明デザイン	饗庭貢著	174	1260円
49.	ネコと遺伝学	仁川純一著	140	1260円
50.	心を癒す園芸療法	日本園芸療法士協会編	170	1260円
51.	温泉学入門	日本温泉科学会編		近刊

定価は本体価格+税5％です。
定価は変更されることがありますのでご了承下さい。

図書目録進呈◆

情報・技術経営シリーズ

(各巻A5判)

■企画世話人　薦田憲久・菅澤喜男

			頁	定価
1.	企業情報システム入門	薦田憲久・矢島敬士 共著	230	2940円
2.	製品・技術開発概論	菅澤喜男・国広誠 共著	168	2100円
3.	経営情報処理のための 知識情報処理技術	辻川洋・大川剛直 共著	176	2100円
4.	経営情報処理のための オペレーションズリサーチ	栗原謙三・明石吉三 共著	200	2625円
5.	情報システム計画論	西村一則・坪根直毅・栗田学 共著	202	2625円
6.	コンピュータ科学入門	布広永示・菅澤喜男 共著	184	2100円
7.	高度知識化社会における 情報管理	村山博・大貝晴俊 共著	198	2520円
8.	コンペティティブ テクニカル インテリジェンス	M.Coburn 著 菅澤喜男 訳	166	2100円
9.	ビジネスプロセスの モデリングと設計	小林隆 著		近刊

以下続刊

流通情報システム　楠崎哲生・奥村雅彦 共著

メディア・コミュニケーション論　矢島敬士 著

ビジネス情報システム(仮)　薦田憲久他著

カップリングポイント
在庫計画理論　光國光七郎 著

ビジネスシステムの
シミュレーション(仮)　薦田憲久他著

定価は本体価格+税5%です。
定価は変更されることがありますのでご了承下さい。

図書目録進呈◆